地域をつなぐ国際協力

西川芳昭

創成社新書
36

目次

この本で紹介されている地域

序　章　人口80人の島でひろがる国際協力の輪―長崎県小値賀町大島から

小さな島で研修がはじまった

２００８年9月21日、長崎県北松浦郡小値賀町の群島の１つである大島の公民館で３人の外国人研修生が緊張した面持ちで座っていた。これから彼らは今日まで学んできたＰＲＡ（参加型農村調査法）を用いて、ワークショップをファシリテート（司会進行）するのだ。ＰＲＡとは住民参加型の調査法であり、住民が主体となって実施することによって調査者と住民が共に地域の問題や発展について考え、地域の力を高めることを目指すアプローチである。

この日、3回のワークショップが行われる予定であった。最初のワークショップは大島の婦人会のメンバーへのグループインタビューである。公会堂には7人の婦人会のメンバーが集まっていた。女性参加者たちは緊張した面持ちで皆部屋の隅っこの方に座ってい

ワークショップの最初に日本語で挨拶する研修生

た。同様に研修生も緊張しているようで、いつもの明るさが影を潜めていた。彼らにとって文化や言語がまったく異なる国の人々に対してワークショップを開くのは初めての経験である。また研修生たちと女性参加者は今回が初対面であったため、お互いに余計緊張しているようだった。

最初のファシリテーターを務めるトンガからの女性研修生は部屋の真ん中に参加者を集め、それから覚えたての日本語で挨拶と自己紹介をした。挨拶と自己紹介はごく簡単なものであるが、日本語を使用したことで参加者の緊張は幾分和らいだようだった。たどたどしい日本語であったが、女性参加者が笑顔になるのには十分であった。そしてここから双方向的な国際協力のための試みが始まった。

このワークショップは2008年9月に行われた国際協力機構(JICA)草の根事業(地域提案型)における「島嶼における自立を目指した(地域資源活用による)人づくり・地域づくり」研修事業の一部である。同事業は2006年から始まり、毎年太平洋の島嶼国から研修生を引き受け、大学やNGOなどと協力しながら研修を実施している。2008年はサモア、フィジー、トンガから研修生(男性2人、女性1人)が小値賀町を訪れた。

この研修の目的は
① 住民が主体となって自立推進していくことの大切さを認識し、自国で応用可能なそのノウハウを習得する、
② 住民参加型の協働事業を推進することによる地域振興の活性化策について、そのノウハウを習得する、
③ 地域資源の活用による地域づくり[官・民]リーダー育成のノウハウを習得する、ことであった。研修生は、小値賀町を訪れる前に今回の研修のアドバイザーである長崎ウエスレヤン大学や名古屋大学の教員たちから地域開発および住民参加についての講義を受

けていた。研修生は少しでも多くの知識を今回の研修を通じて得て、母国で活かそうとしていた。

ただし、この研修は研修員にとってのみ有益なものではない。地域には普段住民が当たり前のように感じて、見過ごしている地域資源が多く存在している。外部からの視点をもち込むことで、住民がこうした地域資源に気づき、自分たちの地域をもう一度見つめなおすきっかけが研修から生まれる。すなわち、ただ途上国からの研修生が住民から学ぶだけでなく、住民もまたこの研修を通して自分たちの住んでいる地域を見つめなおし、小値賀の発展についての別の視点を手に入れられる。小値賀町側もこの研修をただ国際交流として捉えるだけでなく、国際協力と人材育成の一環として考えている。この研修ではこうした機会を提供することで、途上国と地域の双方が「Win-Win」の関係をもつことを目指している。

小さな町の大きな力

長崎県北松浦郡小値賀町は博多港からフェリーで約5時間、佐世保からは約2・5時間の位置にあり、大小17の島から成り立っている。町の面積は25・46㎢であり、全人口は

3、066人である（08年11月現在）。小値賀町はその昔、中国をはじめとした海外との貿易の要所として、また近世には捕鯨基地として栄えた歴史をもつ。漁業では主にサザエ、アワビ、太刀魚（ブランド名：白銀）、いさき（ブランド名：値賀咲）が特産品である。また漁業だけでなく農業も盛んであり、主な特産品としてはメロン、スイカ、ピーナッツなどが挙げられる。しかし近年では温暖化の影響もあり、漁業資源の減少による産業の衰退や、過疎化と高齢化といった問題に直面している。

しかしその一方で小値賀町は、もう一度地域を活性化させるために小値賀町内外の官・民・NGO・NPOなどが一体となり、地域づくりに取り組んでいるところである。小値賀町の最も誇れるものはその豊かな自然である。17の島はすべて国立公園に指定されているほどである。また自然だけでなく数多くの歴史的遺産も存在している。例えば中国、朝鮮との貿易の要所でもあったことから、海底から12世紀ごろの貿易品であった陶器が状態の良いままで多数発見されている。また有人島のなかで最も住民登録の少ない野崎島には野生の自然がそのまま残っているだけでなく、過去に隠れキリシタンが弾圧から逃れて移り住んだ歴史をもっている。島にある野首天主堂は明治41年に鉄川与助によって設計されたレンガ造りの教会で、教会建築が木材からレンガに変わりつつある時代に造られ、長崎県内の教会のなかでもその歴史的価値が高く評価されている。またこの教会はユネスコの世界遺産の暫定リストにある「長崎の教会群とキリスト教関連遺産」に含まれる教会の1つであり、現在町では登録に向けて活発な運動が行われている。

こうした恵まれた自然と歴史的遺産が多く存在する小値賀町では、近年新たな産業として観光が注目されている。町や住民、NGO・NPOが協力して農業や漁業が体験できる民泊といったユニークなプログラムを作り、観光客と住民の交流の機会を増やそうとしているだけでなく、海外との交流も積極的に行っている。

07年には約200人のアメリカ合衆国の高校生が小値賀を訪れた。このプログラムはアイゼンハウアー元米大統領が創始したアメリカ合衆国のNPO団体ピープルトゥピープル・インターナショナルが主催し、毎年アメリカ合衆国の高校生を親善大使として世界各地に送っているものである。アメリカ合衆国からの高校生親善大使は長崎を訪れ、平戸と小値賀に分かれて、地域の自然や歴史に触れ、住民と交流した。この訪問はプログラムが対象としている全世界48カ国中トップの評価を得て、08年も200人近くの高校生が小値賀町を訪れた。

また2000年に洋画家増田常徳氏がオーストリアからウィーンダンテ四重奏団を招聘

して以来、毎年小値賀町で国際音楽祭が開かれている。この音楽祭では小値賀町のあちこちでコンサートが開かれるだけでなく、一流の奏者による音楽指導もあり、この時期島外からも多くの人が小値賀町を訪れている。

このように小値賀町は小さい島ながらも自らのもつ地域資源を最大限に生かして、地域づくりを行っている。

自力更生との出会い

ワークショップの前日、研修生は小値賀町の町役場に集まって、ワークショップのテーマについて話し合った。そこで3人の研修生がワークショップの行われる大島に関して特に興味をもったのは自力更生であった。

大島は小値賀の属島の1つであり、小値賀町の中心地笛吹港から船で10分の距離にある小さな島である。総世帯数は29世帯で人口は86人である（08年11月現在）。この島に着いて最初に目にするのが自力更生と書かれた碑である。大島では住民の自力更生を尊重した互助制度が1960年ぐらいまで続いていた。この制度は島の困窮者を島のすぐ東にある漁業資源の豊かな宇々島に生計が立ち直るまで移住させるものである。困窮者は宇々島で漁業や農業に集中し、経済的に余裕ができると大島に戻ることができた。この制度はただ困窮者に対して手を差し伸べてあげるのではなく、彼らの自助努力を促すことで、自身で困窮を克服することを期待している。

現在はこの制度は大島に残っていないが、自助努力の精神は大島の住民に受け継がれており、島の水道設備などは、役所が設置するのをただ待つのではなく、住民自らが協力して取りつけた。この自助努力の精神に対して3人の研修生は大変興味を抱き、これをワークショップのテーマの中心にすることを決めた。

大島で当たり前に暮らしているために住民が気づいていない地域の魅力や資源をこのワークショップを通して見つけることもテーマに加えた。

男性と女性に分かれて年表をつくる

公民館で女性グループとのワークショップの後、研修生一行は小値賀小学校大島分校の体育館に向かった。2回目のワークショップはこの体育館で、今度は大島の男性グループも加えてワークショップが行われた。

このワークショップではファシリテーター役であるサモアからの男性研修生が住民の参

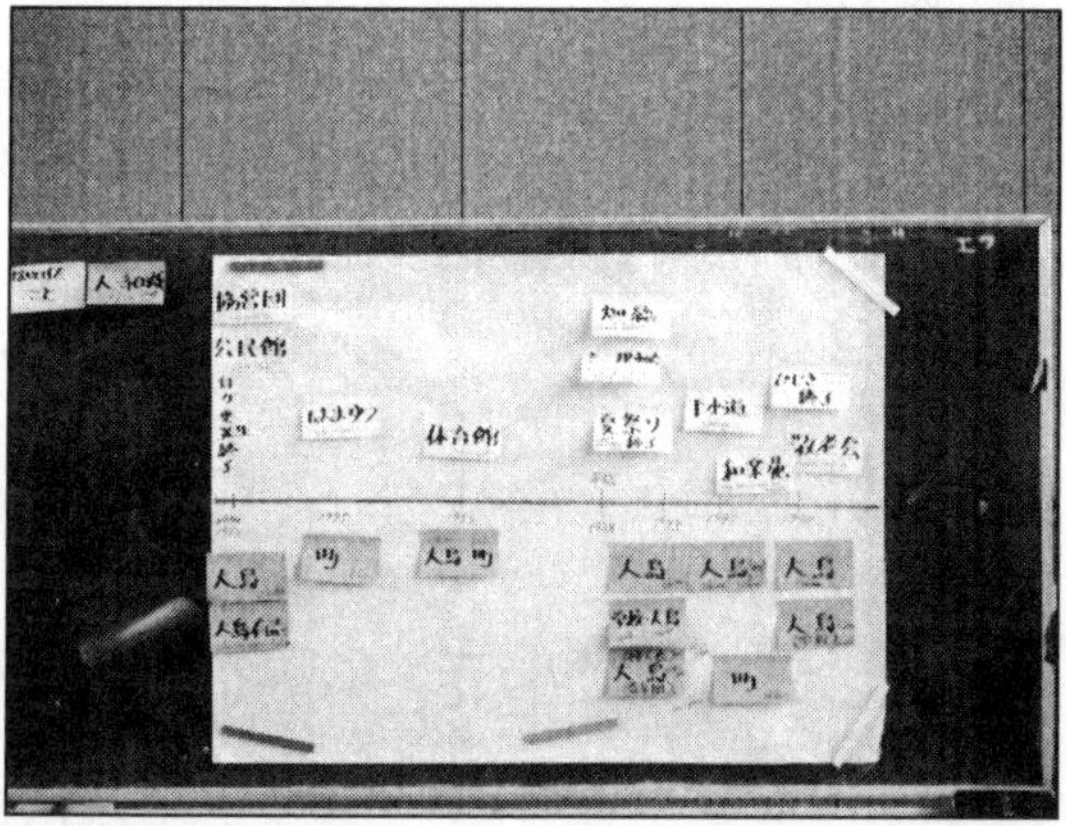

島の男性によって作られた年表

加者の前に立った。女性参加者は引き続き先ほどと同じ顔ぶれであったが、男性参加者とはこれが初対面であった。しかしここで研修生と参加者の間の見えない壁を崩したのはまたもや簡単なゲームであった。彼は参加者とともに体を使って自分の名前を書いた。これには男性参加者も女性参加者も大笑いし、場の雰囲気は一気に和んだ。

　ワークショップでは参加者を男性グループと女性グループの2つに分けて、この何十年かに、大島で何が起こったのかについて、グループごとに年表を作ってもらった。この年表作りはPRAでよく用いられる手法で、おおよその日付を入れた年表を描くことで、住民が自分たちの慣習や生活環境の変化を説明するだけでなて、こうした自分たちの身近なものの変化に気づくことができる。またこの作業を通して若い世代や外部者と地域の歴史を共有することもできる。

参加者は、2つのグループに分かれてそれぞれ年表作りに取りかかったが、最初は何を書いていいのか戸惑っていた。すると研修生がやって来て、「大きなことでなく小さいことでも結構です。例えば花壇を作ったことでもいいですよ。」とアドバイスすると、参加者から意見が出るようになった。

参加者からは「バレー大会とかミニ運動会もした」、「敬老会も」、「子ども会もだ」、「その前が駅伝大会だ」、「一応こんなもんでやっておくか」、「水道は俺が生まれるもっと前だ」、「電気は自家発電だった」、「公民館は昭和33年くらいだろ」という声が上がった。

作成された年表は男性グループと女性グループによってそれぞれ発表され、そのなかには「はまゆう（本島との連絡船）」や「和楽苑（デイケアセンター）」といった共通点もあったが、違いも見つけることができた。例えば男性グループは「ヒジキ採り」など自分たちの仕事に関係した出来事も書いているのに対して、女性は施設が建てられただけでなく、そこで踊りを踊ったなど、そこで自分たちがどのように関係したかについても書いて

研修生による発表の様子

あった。
成し遂げられたことは一見すると小さいかもしれないが、こうした小さいことの積み重ねが地域を作っていく。そしてその過程で、人々が地域の良さを認識し、地域づくりへ積極的に参加していく下地が作られるだろう。

大島にとって必要な「不便性」

昼食後、最後のワークショップが行われた。最後のファシリテーター役はフィジーから来た研修生であった。彼が今回の研修に参加したのは、大島の住民が6月にフィジーを訪れ、そこで小値賀や大島について講演したことがきっかけであった。その時に彼は小値賀や大島の地域づくりに大変興味をもち、今回の研修への参加を決めた。

このワークショップでは最初に男性グループと女性グループにそれぞれ大島にとって必要な資源を挙げてもらった。話し合いのなかで以下のものが挙げられた。

男性と女性の両グループともそれぞれ「水」、「人」、「子ども」を必要なものとして挙げていた。大島では水が豊富で干ばつでも枯れない。また過疎化の問題を抱えている島では人や子どもは将来の島の担い手として重要である。こうした認識は男女ともに共通していた。ただその他については男性グループが「赤土」や「海」など生計を立てるものを、女性グループが「病院」や「店」など家庭に関係しているものを選んでいることから、男女間で必要な資源に対する認識が違っていることが見て取れる。

また男性グループが大島の必要な資源として「不便性」を挙げたことに関して研修生だけでなく、この研修をサポートしてきた大学の教員をはじめとした関係者から驚きの声が出た。「不便性」は普通ネガティヴな印象を伴う言葉として使われ、地域の発展において取り除く障害として考えられがちである。特に現代は効率性や利便性が求められる時代である。大島は四方を海で囲まれた小さな島であり、買い物や病院に行くのにも船が必要である。

図表序－1　男性女性それぞれのグループが挙げた必要資源

男性グループ

水	大島の水はおいしい，生きるために必要
人	人なくして地域社会はない
子ども	未来へつながる
学　校	地域・文化の中心，住民の元気のもと
人間性	思いやり，助け合い
海	生活の場
赤　土	おいしい野菜のもと
不便性	協調性を育む

女性グループ

水	男性グループに同じ
後継者（人）	男性グループに同じ
子ども	男性グループに同じ
専門の病院	時間をかけていくよりも安心
船	緊急時にあれば便利
小さい店	本島まで行くのが大変
働く場所	現金収入があればもっと良い
温水プール	お年寄りによい

しかしこの「不便性」があったため、何をするにも住民同士が協力して成し遂げてきたという声が参加者から聞かれた。利便性を追求した環境は人間同士の関係を希薄にすることがある。逆に「不便性」があるからこそ、人間同士の関係が色濃く残っているのかもしれない。指導していた長崎ウエスレヤン大学の教授は「不便性」を必要な資源として挙げたことに関して「大島はネガティヴなものをポジティヴに変えていく力をもっている。これは地域の発展には非常に重要な力である。」と振り返った。この一見ネガティヴな「不便性」を自分たちの強みに変えていく力こそ、自力更生の精神が育んできた力なのかもしれない。

このワークショップは研修生と住民の気づきを促すことを目的に行ってきたが、外部からの研修関係者もまた大島の人々から気づかされた。

男性と女性の見ているものは違っていた

その後参加者は、各グループのなかで出されたいくつかの項目のなかで今後大島のために特に変えていきたいものを2つ選んだ。男性グループが選んだのは「人」と「海」であり、それは特にこの2つが現在の大島を支えているからであった。参加者からは「人」なくして地域社会は成り立たず、また「人」はその他の「人間性」や「学校」、「子ども」に結びつくものである、という意見が上がった。また「海」に関しては、近年の環境の変化で漁獲量は減少したものの、現在も生活は漁業のおかげで成り立っており、昔のような海に戻したいという意見も聞かれた。また「海」が子どもを育てるという意見も出た。男性は主に自分たちの生計の場を中心に島の将来を考えていたといえる。

これに対して女性グループはより家庭内での重要性を重視し、「専門の病院」と「小さな店」を選んだ。現在大島には月1回しか医師の訪問がなく、診療所は小値賀本島に、また専門の病院になると佐世保まで船で3時間近くかけて行かなくてはならない。このため「専門の病院」が大島でなくても小値賀本島にあれば安心するということで選んだ。「小さい店」もまた大島にはなく、買い物のために小値賀本島まで行くのが大変だということであった。このように主に女性は家庭内の主婦の視点に立っていたといえる。

近年ジェンダー平等が叫ばれているものの、まだ女性が意見交換の場で意思を示せないことが多々ある。今回ワークショップのなかで男性と女性を分けたことによって、女性は女性の視点から自分たちのもつ大島の発展についてのビジョンを示すことができた。また男性は自分たちのもつビジョンと女性がもつビジョンの違いに気づき、大島の発展に向けてこうした意見を取り入れていくことの重要性を認識することができただろう。

双方向の国際協力とは

地域に長く住んでいると、日々の生活のなかで当たり前のように感じ、そのため見落とすものが多く存在する。こうした日々の生活のなかで見落とされてきたものが外部者の視点を加えることによって、今回のワークショップのなかで明らかにされたのではないかと思う。

ワークショップでは住民のなかに多くの気づきが生まれた。いままで自分たちがやってきたことが誇れることだという気づきがあった。これからの大島の将来像に関して大きな相違が男性と女性の間にあったことに気づいた。大島の地域資源の中心に人があることにも気づいた。

また、気づきがあったのは住民だけでない。今回の研修に尽力した小値賀町役場の地域づくり担当者は、「大島住民の将来像がこれから町が進めようとしていたことと似ていて驚かされた」とこの研修をふりかえっていた。この研修を地域の教育研究機関として支えてきた長崎ウエスレヤン大学の教授をはじめスタッフも大島の住民が不便性というネガティヴなものをポジティヴに捉える力をもっていることに気づけた。

研修生にとっても今回の研修は大きな収穫があったようだ。特にフィジーから参加した研修生は大島の自力更生の精神に大きな興味を示し続けた。彼は国に帰ったらぜひこの精神を人々に伝えたいと意気込んでいた。

小さい町に国際協力は無理だという声も存在するかもしれない。自治体が国際協力をしている余裕はないという声もあるだろう。しかしこの短い研修のなかで多くの気づきが生まれた。こうした気づきはまだ小さいものかもしれないが、地域の発展はこうした小さい気づきから始まる。この小値賀町や大島の事例は、小さい地域でも見事に国際協力が可能であることを示している。それはただ先進国から途上国への一方的な協力関係ではなく、双方向的な協力関係であり、日本の地域をおこし、世界の地域をつなぐ活動である。

第1章　国と国の協力・人と人の協力から、地域と地域の協力へ

日本と開発途上国の関係

日本人は開発途上国をどのように見ているのであろうか。日本の経済が高度成長のころはもっぱら原料の供給地であり、製品の市場であったと考えられる。その後、1980年代以降は、アジアを中心に、不法就労も含めた労働力の供給地や低廉な労働力を求めた直接投資の対象にもなった。最近はこれに加えて、アジア諸国の人材のもつ技術力や、さらには少子高齢化に伴う介護看護職の人材供給面も重視されてきている。同時に、近年は多くの旅行者を世界各地の開発途上地域に送り出し、国民の観光産業への参加を通じて貿易の不均衡の部分的是正に貢献している。しかしながら、このような狭義の経済的な関係のほかにもさまざまな途上国との関係があると考えられる。

そのなかで最も重要なものの1つに国際協力がある。明治以来のブラジルなどへの移住

や、第二次世界大戦後の賠償から始まった援助の対象としての開発途上国との関係が重要な視点となる。財政の悪化から近年は減少の一途をたどっているが、日本の政府開発援助の規模が一時世界一で推移したこともよく知られている。当時は、老人から赤ちゃんまで国民1人あたり1万円以上の負担で国際協力が実施されていることが顕伝されていた。

本来人間は平等であり、その尊厳は世界中どこにあっても保障されなければならない。しかしながら、現実の国際社会においては極端な不平等が存在している。世界人口の25%を占めるに過ぎない日本などの先進国住民が、世界中の富の75%以上を所有し、エネルギーの75%以上を消費している。このような不平等の是正のためにさまざまな努力がなされてきた。

開発途上地域に対する援助・協力は、今日の世界において私たちの住む世界の公正で安定した社会および経済の発展のために欠くことのできない経済社会活動の要素として重要なものになっている。開発途上地域への援助・協力のニーズはこれまでにもまして増大しており、また地球規模の問題の解決に向けてわが国の積極的な貢献が期待されていると考えられる。9・11以降は、貧困がテロの温床であるという認識が先進国政府の間で共有され、貧困撲滅は持続可能な社会の建設とならんで、先進国社会に課せられた共通の課題となっている。これらに加えて、わが国においては食糧やエネルギーの安定供給をはじめとして、私たちの日々の生活が開発途上地域の持続し得る開発に依存しているのが実状であり、国際協力を通じた世界の安定は私たちの日常生活にとって不可欠である。

歴史を振り返ると、実は私達自身が、第二次世界大戦に敗れた日本に対する国際社会の人道的援助、産業復興のための援助、資金援助、人材開発援助によって、すくなくとも経済的には豊かな社会を享受している。第二次世界大戦後、北米諸国およびユニセフ等の国際機関は食糧、医薬品、肥料等の緊急援助を行い、一方南北アメリカの市民団体が合同して市民に届く援助を行った。産業復興のための援助としては工業化に必要な重油が供給され、資金援助は世界銀行を中心に東海道新幹線や東名高速道路等の建設のために6億ドル余りが援助された。これらのインフラ整備がわが国の高度成長を支えたのは疑いのない事実である。そして、1990年に日本は世界銀行からの借金を返済し終え、純粋に援助国となった。私たち日本人が、開発途上国との関係を考えるときに、この援助された経験から逃れることのできない現実がある。これは同時に、途上国からの期待を背負うことにもつながっている。

佐藤寛は、このような開発援助という行為は、人類の歴史のなかで戦争や交易といった両者の立場が対等である（または強者が弱者を支配する）いわゆる自然な異文化交流とは根本的に異なる関係性の構築を前提としていると指摘している。むしろ、少なくとも経済的に見て、強者である先進国から弱者である開発途上地域へ資本、技術、人材が流れるという、自由競争を是とした20世紀社会の実状から見て、極めて不自然な行為であるわけである。このような関係は、第二次世界大戦後という20世紀も後半になって始まった極めて新しい現象であり、このことが、私たちが開発援助を理解することを難しくしている原因の1つとも考えられる。

地域開発への国際協力の統合

では、その私たちを取り巻く日本の現状はどうなっているのであろうか。日本人の生活の隅々にまでグローバリゼーションの波が押しよせており、今、地域の問題は国際的な視野を抜きにしては語ることができない。地域づくりや地域おこしといった地域活性化のような地域固有の課題が、実は国際関係のなかで発生・増幅されており、国際的視野のなかで地域問題の解決と地域の発展を図っていく必要がますます増大している。

地方における国際化というと、ともすれば姉妹都市提携や修学旅行による相互訪問などそれ自体を目的としたり、友好親善を目的として、地域の問題と必ずしも直結した形ではない事業が展開されている。地域の課題の解決に国際的な連携と協働が必要とされているにもかかわらず、交流を実施する関係者がそのような活動を地域づくりの戦略に組み入れていない。

一般に国際協力などというと、それは特殊な社会現象であり、その仕組みは複雑であり、さらに現場が海外にあるために一般市民にとって理解が困難なものとも考えられている。開発途上地域の貧困の撲滅が人道的に必要であり、地球社会の持続的発展に必要なことを訴えても、都市を中心とした物にあふれた日常生活のなかで問題を実感することは困難である。一方で、国内、特に中山間地が高齢化・過疎化の深刻な問題を抱えており、自治体も住民も国際協力をそのためだけに行う余裕はない。このような状況のなかで、地域が行う国際協力はその地域の発展にどのような役割を果たすことができるのだろうか。

外来型開発の問題点に気づいた開発主体の変化

1960年代以来数次にわたる全国総合開発計画において、農漁村部はあくまでも開発の波及効果を期待する場所であって、開発の拠点とはなり得なかった。「中山間地」振興策として、基本的に、農林水産業を含めた地場産業の振興と他地域からの企業誘致が行われてきた。しかし、総体的に言って、現在のところ、これらの政策は少なくとも成功したとはいえない。産業振興を中心とした外来型開発では、本来的に地域とそこに暮らす住民の生活を向上させない欠点をもっていた。

さらに、これらの外来型開発が実施された結果、気がつけば自分たちの町に大きなショッピングセンターが出来ていたり、高速道路が建設されたりということがしばしばみられた。地域の住民の知らないところで、公共工事や民間の開発事業が進められてきたわけである。このことは開発途上国への協力や援助においても当てはまり、住民の生活が脅かされ、環境破壊につながる大規模な開発や、住民が使いこなすことのできない最新技術を駆使したインフラの整備が、援助の名の下に行われることが多くあった。

1970年代までは、開発の理念・目的は国家や地域の経済開発・経済成長が中心であり、その行為の主体（アクター）は国家または企業（市場）であることが一般的に受け入れられてきた。しかしながら、近年は開発の目標が地域社会を構成する1人ひとりの人間開発およびそのような人々の協働による地域の持続性へと大きく変化した結果、開発の主体は対象となる地域の住民になるべきであると考えられるようになった。地域の技術・産業・文化を土台に、地域住民が学習・計画・経営を行い、環境保全の枠のなかで考えられ、付加価値が地域に還元され、住民参加の下で自治体が計画に沿う形で資本や土地利用に規制を行うことができることなどが地域の持続可能性を担保する内発的発展の重要なポイントとされている。

2008年秋に発生した世界規模の金融・経済危機は、これまでの20世紀型世界経済や国際関係の仕組みそのものに大きな疑問を投げかけるにいたった。このような背景のなかで、地域開発を考える際に、理念としても手法としても近年主流化してきている考え方に参加型開発がある。

地方分権と参加

参加型開発が積極的に推進される現実的理由の1つに世界的に推進されている地方分権の流れがある。一般に、地方分権は、理念として国家の権力を地方政府に移管・分散化する上からの分権（官々分権）と、地域における人間の安全保障の実現を目指した具体的な生活の改善を目指すメカニズムを地域住民がもつようになる下からの自治の実現という大きく異なる2つの概念が含まれる。

藪野裕三は、地方分権には目的としての地方分権と手段としての地方分権の二面性があるとしている。すなわち、人間にある強固な自決の願望を満たす政治的な方法として、自分たちにできるだけ身近な政府に多くの権限を与えることおよび地域の自律性を求める際に、国家から自治を獲得し、保持し、拡大すること自体が価値のある目的として存在している。また、中央政府が、限られた資源を有効に利用してその統治を実現するために、一定の権限を地方に与えることが効率的であるがゆえに地方分権が促進される。さらに、全国的な政策としてすぐには実現できないようなプログラムを実験的に行い、その結果によって修正を加えてより広域で政策を実施すること、自治体間の競争、住民にとっての地域の選択など、政策における選択肢の提供システムとしての地方自治が活用されることもある。

もちろん、地域の開発においては、あくまでも地域住民の自助努力が基本である。しかしながら、これは行政の介入・援助を否定するものではない。地域が地域内の資源利用のみでは開発を進めることができないときに、地域の人々の自助努力に対する支援を政府が行うことは地域の自治と矛盾するものではない。行政の役割は、民主的に公正にものごとを決定し、構成員の意志を最大限に反映させることであるが、このためには多大な時間とエネルギーを要するため行政の都合から見た短期的な効率性を追求するなら参加型は良い選択肢とはいえない。参加型開発を効率的な開発の手段と理解した場合は、その実現には、行政の側に政策実行に必要な透明性や説明責任などの良い統治（グッド・ガバナンス）が実現していることが前提条件となり、参加型開発が目的とされる場合は、参加を促すことによって良い統治が実現することに注目したい。この場合、概念としての参加ではなく、具体的な地域づくりの事業実施のなかで地方行政や企業を巻き込んだ、住民の参加型開発事業を通じた政治への参加が重要となる。

参加型開発という考え方

アマルティア・センのいうように、開発の目的が人々の選択の拡大であるなら、開発の過程に人々の参加が可能となる社会が期待される。開発の意味の1つとして「本来中にあるものを外に引き出すこと」があるが、これを地域の開発に当てはめたときには、地域住民が地域のもつ資源に気づき、それらを自らの意思で活用することであるともいえよう。

私が開発問題について考え始めたころに出会い、さまざまな視点を与えてくれた、日本国際ボランティアセンター元ラオススタッフの赤阪むつみは、ラオスにおける村落開発に携わった経験から、「参加型開発とは、自分自身が心のどこかですでにもっていた経験や問題に気づくプロセスというだけでなく、村のような共同体としての変革を成し遂げていくプロセスでもある。」と具体的に描写している。

何らかの理由で地域住民が開発のプロセスに十分に参加できない状態、例えば、地域住民に社会的能力が充分でない場合や、情報や技術の不足のために地域住民が参加のインセンティブをもちがたいときに、持続可能な開発を担保する重要な手法として、外部者による援助が期待される。このような新しい開発のパラダイムのもとでは、援助は何かを建設したり資金を供与することではなく、参加をファシリテート（促進）する役割が大きい。

ここで注意しなければいけないことがある。それは、市民参加や住民参加という言葉は、使う人の立場によって大きく意味が変わることである。一般には、行政の計画した事業に住民が参加することが、参加型開発と呼ばれることが多かった。今も、行政関係者が、「市民参加」というと、このような意味で使われることも多いのが現実である。しかしながら、実際に地域づくりに関わっている市民や地域づくりの研究者の間では、参加型開発のイニシアティブはあくまでも住民にあるという考え方が中心となっている。もちろん、意思決定は地域住民によって行われるべきであるが、効果的効率的な開発の実現のためには行政や企業、地域外の市民の参加も積極的に促進されるべきである。開発途上国における開発に先進国が参加するという視点とともに、国内の地域づくりにおいては、身の回りの開発に途上国の人々が参加するという視点も参加型開発の側面から重要ではないだろうか。

その意味でもワークショップ形式による住民の意思決定過程などに研修員が参加するような国際協力の展開が期待される。さらに、NPOを通じた地域間のネットワークの構築や小規模な自治体連携によるクラスター構想なども積極的な展開が期待される。地域において国際協力を実施する場合、多様なアクターが参画することが期待される。このことによって、目に見える形で住民にメリットのある国際協力が展開される可能性が生まれる。

開かれた地域主義

ここで、これまで無意識に使ってきた「地域」という言葉について少し考えてみたい。重森暁は、開かれた地域主義という概念を説明するなかで、ルイス・マンフォードの「都市の文化」を引用し、地域と人間を対比することによって、地域文化と〝人格〟とのアナロジーを展開している。すなわち、人間が人格を形成していく際に、回りの人間との関係が重要であるのと同時に、自らの人格が確立して初めて周りの人間との交わりが可能となるように、地域においても、文化的交流を可能にする、それぞれの地域の政治的・経済的・文化的自律が必要であると同時に、交流を通じて地域文化が形成されると考えられる。

守友裕一は、内発的発展を議論する空間としての地域をみる際に、地域をそれ自体孤立した空間ではなく、生きた日本の社会・実態そして世界の動向と関わっている存在とし、世界と日本と地域の現実を串刺しして見ることの重要性を説いている。地域は中央に従属するものではなく、誰からも支配されない住民の自立の生活空間で、住民が自分たちにとって良い条件を作り出し、個性を生み出し、文化の歴史を創造していくところである。このような認識からスタートすると、地域は個性的で固有の特性をもち、その特色を発揮することによって日本が豊かさをもち、世界の豊かさへとつながる。こう考えるとき、地域の範囲はその課題によって伸縮自在であり、地域を考えるということは範囲を捉えることではなく、地域の現実に地域が主体的にどう対応するかが最も大切な視点となる。

地域開発においては、外部者が関わることによって、住民が地域資源に気づき、その経験を共有することによって住民や自治体の地域への帰属意識が醸成され、それが、活性化の出発点となる。国際協力や交流をそれ自体を事業として行うことは国家や大都市においては意味をもつが、小規模な自治体においては負担が多いだけで住民の理解を得ることは困難である。むしろ、地域が日常的に行っている内発的な地域づくりを持続的に行っていくことに、外部の人間も参画する一手法として国際的なアクターが加わることが望まれる。このことを通して住民やその他の関係者の帰属意識が高まれば国際協力はその地域における正当性を主張できる。

日本の長年にわたる国土開発計画のなかで、多様な政策が打ち出されているにもかかわらず、日本の地方は出口のない閉塞感に包まれており、行政改革のなかでますます困難な自律を成し遂げる必要に迫られている。さらに、近年は平成の大合併のなかで、多くの地域で人々が住み続けることができない状況が増大している。このような地域を取り巻く状況のなかで、地域が自発的、自律的に国際協力を行う意義はどこにあるのだろうか。特に、小規模な自治体とそこに住む人々による地域開発に焦点をあて、これを素材とした国際協力を地域内発型で行う可能性について考えてみたい。

内発的発展と地方の国際協力

参加する意志のある人が自由に参加し、自らの人間開発を実現できる開発プロセスのヒントは私たちの身近にある。それは、わが国が独自に展開してきた発展の理論としての内発的発展論である。鶴見和子は、従来の近代化論が「価値中立」であるのに対して、内発的発展論は「価値明示的」であると主張している。「近代化論が一般論であるのに対して、内発的発展論は、抽象度の低い地域個別的な社会変化の事例である。目標においては人類共通であるが、目標達成の経路と、その目標が達成されるであろう社会のモデル・変化は多様である。地球的規模で内発的発展が展開されれば、それは多系的発展となる。そして、先発後発を問わず相互に手本交換をすることができる」という。近代化論が目指す発展段階説や直線的発展の思想はここにはない。開発をこのように理解するときに、私たちはそれぞれの地域における取組みの交換という手法を、地域づくりの有力なアプローチとして採用できるのではないだろうか。

近代化論が、普遍を前提とした一般論であるのに対して、内発的な地域開発は、地域住民が、その資源に対する所有を主観的に主張するような、抽象度の低い個別的な開発論であることが重要となってくる。個々の人間の安全保障とそのような人間の存在が持続できるような社会・すなわち真の意味での福祉世界の創造という開発の目標は人類共通と考えられる。社会のモデル・変化はそれぞれの地域文化に基づいて多様であるから、地域間の交流を通じて相互の認め合いが求められる。地球的規模でこのような地域開発が無数に展開し、ネットワーク化すれば、それは持続可能な社会システムの形成となろう。

従来、国際協力機構をはじめとして国が地方に対して国際協力に参画するように協力を求める場合には、地方のノウハウの利用の視点が大きかった。すなわち、廃棄物処理・上下水道・環境保全など自治体がノウハウをもつ技術の確保が国の政策として地方の国際協力の推進につながった。さらに、地域保健・初等中等教育・地場産業振興など自治体がもつ人材の活用も視野に入れられたと考えられる。このようなノウハウや人材を国が行う国際協力に投入することによる「相手側のニーズにあったきめの細かい援助の実施、国民の幅広い参加、地方自治体の活性化」などが「21世紀へ向けてのODA改革懇談会最終報告書」にうたわれている。しかし、本当に自治体や住民にとって参加しやすい、または自分たちの便益が目に見える国際協力が実施されてきたかは疑問である。この点は次章で詳しく論じる。

今後の可能性

本書で紹介する事例の多くは、ＯＤＡ事業による外国人研修員の日本国内の人口数百人の集落といった非常に小さな規模の地域づくりへの参画を通じた研修である。国際協力の多くは、国外で実施されているが、研修員受入事業のみはその大部分を国内で実施しているため、私たちにとって最も身近な国際協力といえる。

内発的発展を行う際の必要条件である、域内資源の把握と利用、住民の参加、付加価値の地域への還元、リーダーシップの必要性などは地域を問わず普遍的な課題である。小規模な自治体や地域住民が国際協力をそれ自体のために実施せずに、しかも結果的に国際協力に参画するしかけとしては、このような内発的発展の同労者、協働者として途上国からの研修員が関われるようなプログラムの開発が期待される。

自治体や地方による国際協力は地方分権化や民主化の流れのなかで今後とも重要性を増すことは疑いない。どのようにして、この重要性を自治体職員や住民の1人ひとりが認識していくかが緊急の課題である。それぞれの地方には独特の条件（あるいは資源）があり、どのような開発施策がその地域にとって最も望ましいかを国家や外部組織が決めることができないことは広く認識されつつある。地域は自ら自分たちの開発プロセスを策定していく責任を負わされており、その枠組みのなかで国際協力を位置付けることができれば、国際協力が地域振興と表裏一体の行為となりうると考えられる。

自らの資源に気付き、それをまとめ利用し外部に発信する能力は外部からの刺激なしには進展しない。外部の組織や地域がもつ理念、経験、制度、技術などと交流して情報の相互交流が実現して初めてこのようなプロセスが始まり、これが地域の発展につながる。こうした国際協力が自らの地域の課題の解決の糸口をつかむ有力な手法であることを地域のリーダーが気付くときに地域発の国際協力はいっそう進展し、真の意味での福祉世界の創造につながると考えられる。

続く第2章では、自治体を中心とした地域の国際協力の展開について主にこれまでの研究成果のレビューから分析し、第3章では、日本の各地で行われている途上国からの研修員受入事業がそれぞれの地域で独自の地域づくりにどのように統合され、利用されているかについて紹介していくこととしたい。

第2章　自治体による国際協力のあゆみ

はじめに

本章では、地方自治体による国際協力の変遷をたどることを通して、自治体による国際協力の世界的な枠組みと日本における枠組みをまとめてみたい。まず、なぜ地方自治体が注目されているのかを考えると、ＣＤＩ（Community-based Development Initiatives：地域主導型開発協力）という考え方がその起源であることがわかってくる。次にＣＤＩの起源地であるヨーロッパの自治体国際協力の変遷を概観し、その後、日本の自治体国際協力の変遷を見ることにする。さらに、日本の政府開発援助実施機関である国際協力機構（ＪＩＣＡ）と自治体との連携の変遷と連携事業の形態を見ていく。最後にグローバル化・内発的発展論の視点からこれまでの自治体国際協力の問題点を整理する。

なぜ地方自治体なのか

自治体とは地域社会の経営主体であるから、外国の地域の問題や国際社会の課題に取り組むよりも、まず、その地域の運営と問題解決に専念すべきである、というのが、一般的な自治体に対する期待や理解であろう。国際協力に税金を使う前に自分の地域のことに税金を使うべきだ、ということもできる。では、そのような自治体が、なぜ国際協力を行うようになったのであろうか。ここではその理由を、「自治体外部からの期待」と「自治体内部の意識の変化」（CDI-JAPAN とシューマン　2001：6）の2つに分けて考えてみることにしよう。

①　自治体への外からの期待

まず、第一に挙げられるのが、国際協力の主体としての自治体の役割の変化である。従来の国際協力の主体は、中央政府と国際機関の2元体制であった（吉田　2005：203）。しかしながら、そのような援助体制による途上国との協力が必ずしも途上国の発展や貧困の解消を実現しないこと、援助資本の投下が持続的な発展につながるにはそれぞれの地域の文化・風土に適合した開発手法や住民の主体的参加が必要であること、開発の成果を持続させるためには人づくり・人材育成が重要であること、などが明らかになってきた（CDI-JAPANとシューマン　2001：3）。そのため、自治体やNGOに対する役割に期待が寄せられるようになった。というのは、自治体は日常的に地域の生活環境の改善を行い、また地域おこし・村おこしに関する豊富なノウハウをもっているからである。

吉田（2005：213）は、自治体による国際協力の分野の第1位は、環境保全協力で35・0％、第2位は産業技術協力で21・9％、第3位は保健医療協力11・3％と分析している。これは、自治体がその専門技術や人材を動員しやすい住民サービス分野で、地域の特性を生かした協力や住民参加の協力が可能な分野に集中していることを示している。

JICA（2003：92―98）は、地域活動が有している技術・ノウハウを適用するうえで、途上国の発展段階に応じて開発ニーズがどのように広がっていくのかを次のように示している。まず、保健医療サービス・安全な飲料水供給といった「生活の基礎的ニーズ」、次いで、参加型農業生産性向上・農産物加工・地場産品の開発といった、「生活水準の向上」、そして、下水道の整備・環境教育・環境と農林業の一体化といった「環境保全」へと発展していく。また、「地域の主体性、自発性が持続的な成長には重要との認識の広がりから、地域住民が直接裨益する事業の発掘、形成、実施や事業への地域住民の参加が強く求められるようになっている」とも説明されている。JICAから見ても、自治体のもつ技術・ノウハウが発揮されることが期待されていることがわかる。

第二に挙げられるのが、地方分権による権限委譲である（吉田　2005：203）。この背景にあるのが、「補完性の原理」というものである。この原理はヨーロッパにおける地方分権の基本理念で、簡単に言うと、住民に最も近い政府である地方自治体の役割が国家よりも優先される、という考え方である。したがって、国際関係でも地方自治体への権限委譲が推進されてもおかしくはない。吉田は、「従来の日本における優先順位は、政府＞都道府県＞市町村＞個人という発想であったが、この原理に従うと、個人＞市町村＞都道府県＞政府という発想へ逆転する」と説明している。市民に最も近い自治体に権限が移ることで、地域の発展過程への市民の直接的な参加もより容易になる。この結果、内発的な発展の必要条件である、地域の人々による自立的・自主的参加の可能性が促進される、と考えられる。もし、協力関係にある地域の住民同士でこのような関係が築かれたならば、一方から他方への技術の移転という協力形態にとどまらず、両地域の住民が、事業に対して「参加から参画、そして主導へ」と成長、つまり、「町づくり」＝「インフラの整備」から「町づくり」＝「住民が成長」するという、いわゆる「win-win」関係の可能性が見えてくる。

② 自治体内部からの期待

いくら外から期待されていたとしても、自治体自身がメリットを感じなければ、わざわざ国際協力を行うことはない。なぜなら、まず、第一に自治体が考えなくてはならないのは、自身が責任をもっている地域自身だからである。つまり、地方自治体が担当する地域にとってのメリットがなければ、地域住民からの賛同が得られず、自治体国際協力は始まらない。では、どのようなメリットがあるのだろうか。JICAは、自治体が国際協力活動に取り組むことによって得られるメリットとして、以下の4点を挙げている。

第1は、活動をとおして、外部からの目を地域に取り入れられるという点である。つまり、地域を外部の目から見られることによって、地域の長所と短所を客観的に知り、それが地域の問題の解決に向けて行動するための動機づけとなりうる、ということである。

第2は、地域のアイデンティティを高め、地域の誇りをもてるという点である。自らの地域活動が途上国の開発に役立つことを実感することは、自らの地域で続けてきた地域活動に対する相対的な評価を得ることとなる。その結果、地域活動のアイデンティティを高め、地域に対する誇りを高めることが期待される。

第3は、グローバル・リテラシーを高める、という効果である。この効果は地域の企業そして地域住民へ伝わることが期待されている。すなわち、地域の企業が途上国と情報やノウハウを盛んに交換し、企業のグローバル化に役立てようという点、そして、地域住民が異なる国の文化・習慣に触れることによって、国際対応能力を高めることに役立てようという点である。

第4は、地域経済の活性化に貢献する、という点である。地域活動の見学・研修を通して来訪者が増加し、それによって知名度が向上し、さらなる来訪者を招くといったサイクルを通して、観光・商業の経済効果が期待できる。

例えば、富山県氷見市の場合、地域の伝統資源である定置網漁を国際協力に生かすことで、地域住民に地域の素晴らしさを再発見する契機を作り、地域のアイデンティティを高めるとともに、市を国内外に売り出そうという発想から国際協力を志向した、とされている。また、福岡県浮羽町がJICA研修を受け入れるという形で国際協力を始めた動機は、町の人々が異質な人と触れ合う経験をすることが今後の町の地域活動（観光、都市農村交流）へ活かせるだろうという考えからだった、とされている（JICA　2003：

62)。

どのようなメリットを認識するにせよ、重要なことは、地方自治体はその予算と能力を自らの地域住民のために使用する義務があるという点である。したがって、国際協力活動においても国内と海外の相互利益を強調する互恵を原則にしており、協力関係にある地域同士の相互利益を想定した意味での「協力」を行う必要がある（吉田　２００５：２０８）。このような発想は、歴史的にはヨーロッパで80年代から90年代にかけて急速にひろまった地域主体型開発協力（CDI, Community-based Development Initiatives）にその起源を見ることができる。そこで、次にヨーロッパにおける自治体国際協力の歴史を、ＣＤＩを中心に概観し、その後日本の自治体国際協力の歴史に言及する。

自治体国際協力の世界的動向

①　ＣＤＩとは何なのか

これまでに述べたような自治体の立場を考えれば、互恵の原則は当然の結論のように思われる。

ＣＤＩの理念は、１９８５年の「都市と開発ヨーロッパ会議」（ケルン会議）で採択された「ケルン宣言」と、1992年のベルリンにおける「持続可能な開発のためのローカル・イニシアティブ」という会議で採択された「ベルリン憲章」で表明されている。

もちろん、「北」から「南」への援助は必要だが、それが根本的に格差問題の解決をもたらすのではなく、南北双方の人々が参加した相互理解や学習に基づいた変革が必要である。さらに、「北」から「南」への一方的援助でもなく、また「南」の経済成長を優先したものでもない、南北双方の人々が参加した「民衆中心の開発（people-centered development）」をねらいとし、お互いに学び合いながら地球的諸問題を地域から解決し、公正で持続可能な地球社会を実現するための地球的変革を目指すこと、が必要であると強調されている（CDI-JAPAN とシューマン　2001：20—21）。つまり、地域住民が主体となって、協力関係にある地域同士が学び合う双方向の関係を築くことを協力の目的としている。

ベルリン憲章の掲げるCDI活動の原則は、①民主主義・分権化、②持続可能性、③正義・公正な政治経済社会制度の構築、④公平な資源の分配、⑤寛容、⑥共同行動、⑦相互依存である。

それでは、どのようなアクターがCDIの担い手になるのであろうか。原則⑥の共同行動からすると、アクターは自治体・ＮＧＯ・地域グループが担い手になる。そして、それらを中央政府や公的・準公的な全国組織が支援するという形態になる（CDI-JAPANとシューマン　２００１：22―23）。

また、ＣＤＩにおいて行われる主要な活動には、①開発教育、②連携関係による協力（Linking and Twinning）、③地域行政の運営支援、④消費行動、の事業がある（ＪＩＣＡ２０００：８）。

② ＣＤＩ以前のヨーロッパにおける自治体国際協力の歴史的動向（～１９９２年）

ヨーロッパにおける自治体レベルの国際協力は戦後処理政策の一環として始まった（吉田　２００５：２０４）。１９４０年代後半に西ヨーロッパの都市間で行われたツイニング（twining）という協力形態がそれである。このような都市間の連携は、当初交戦国間の枠を超え、市民レベルでの相互理解、友好、平和の促進に重点が置かれていた（ＪＩＣＡ２０００：５）。

１９５０年代に入ると、アメリカのアイゼンハワー大統領が主唱した"people-to-people diplomacy"（民際外交）を受けた姉妹都市関係が活発化した。これは、文化的・社会的つながりを重視した文化交流に力点を置いた活動であった。一方で、70年代から80年代にかけて、自治体国際交流のなかで、援助・貿易・政治の要素が強調されるようになってきた。例えば、70年代初めには、オランダが、国際交流という観点からよりも、自治体間の国際協力に基づく開発援助の観点を取り入れ、自治体間の国際協力を南北間の不公平な関係を改善するための手段と捉え、また、財政的・物質的支援を通して途上国側の地方における民主化や開発問題への認識を向上させ、途上国との連帯を高めることを自治体による協力の目的とした（JICA　2000：6―7）。

また、補完性原理により、ヨーロッパでは地方自治体を国際主体として是認する動きが広まり、地方自治体協力に関する国際条約が成立していった。1980年には「地方自治体あるいは地方当局の越境的協力に関するヨーロッパ枠組み条約」が欧州評議会と欧州地方自治体会議によって調印された。さらに、85年には「ヨーロッパ地方自治憲章」が採択された。この憲章の理念で、「地方自治体の国際的な連合権と国際協力の権利」が保証された。この理念は92年の「欧州連合条約」や国連の「世界地方自治憲章」に引き継がれていくことになった（吉田　2005：204―205）。

以上のような歴史的な動向のなか、CDIが欧州諸国で注目されるようになった背景として、CDI-JAPANとシューマン（２００１：17―18）は以下の4点を挙げている。

第1に、国際援助機関による開発政策にもかかわらず、南北の貧富の格差が拡大し続け、「南」の国々の多くは膨大な債務を抱えるという事実に対して、「民衆中心の開発（people-centered development）」の重要性が認識されたことである。

第2に、地域で活動するＮＧＯや自治体は福祉・公衆衛生・教育などの人々の生活全般に関する「社会開発」の問題に日常的に取り組んでいるので、「南」の地域問題を解決するための技術・ノウハウ・人材が蓄積されていたことである。これら2点は、上記の自治体外部からの期待に通じるところがある。

第3は、自治体自身の意識の変化であり、貧困・人口・環境・人権などの地球的諸問題が身近な問題として認識されてきたことである。

さらに、ＮＧＯや自治体の長い経験や努力があったことも見逃せない。例えば、オランダでは、１９６０年代後半からコーヒーや手工芸品の販売を通じて市民に「南」の国々への理解を深めるための「ワールドショップ運動」が行われていた。これは、発展途上国で作られた商品を販売しながら富の公正な分配を妨げる世界の構造を是正しようとする運動で、ニカラグアのコーヒーを販売し、同国の草の根の人々と連帯しようとすることから始まった。「連帯コーヒー」と呼ばれる市民運動である。実際、オランダ国内の300の自治体でこの「連帯コーヒー」が使用されているといわれている。

③　ベルリン会議後のヨーロッパにおける自治体国際協力

地方自治体の国際的連合体であるG4（グループ4：IULA［国際地方自治体連合］、Metropolis［世界大都市圏協会］、UTO［世界都市連合］、SUMMIT［世界大都市サミット会議］）のなかに、国際地方自治体連合（IULA, International Union of Local Authorities）という組織が含まれている。国際地方自治体連合の役割は、世界における自治体間国際協力の中心的な役割を果たすことであり、主な活動目的は以下の6点とされている。

① 世界各地の地方政府の民主化、効率を促進する。
② 地方政府の行政能力向上に貢献する。
③ 市民の福祉、地方政府の活動などに関する問題を研究する。
④ 市民活動におけるコミュニティーや市民の参加を促進する。
⑤ 地方自治体間協力を促進する。

⑥　環境の保全、改善、持続のための考え方を共有し、強化する。

（ＪＩＣＡ　２０００）

そして、重点的な活動分野の１つに自治体間国際協力（MIC, Municipal International Cooperation）が取り上げられている。実際、国際地方自治体連合は上記のようなＣＤＩの流れをうけて、95年に自治体間国際協力をテーマとした世界大会「自治体の世界～国際協力の革新へ向けた地域からの取り組み」を開催している（CDI-JAPAN とシューマン２００１：12）。

97年には「地方自治に関する国際憲章」起草への取り組みが始まった。この憲章の目指すところは、持続的な人間開発を進めるための地方政府の役割について、国際社会で共通認識を図ろうとする試みを通して、地方分権と民主化を推進しようとするものである。「この起草の背景にある考え方は、先述の補完性の原理である。地方自治の効果的なあり方に関して、決定権は市民に近いレベルの自治団体に委ねられ、下層自治団体が効果的に処理できない事項に限り上層自治団体が関与すべきである、というものである」（ＪＩＣＡ２０００：９―14）。

日本の自治体国際協力の歴史的変遷

日本の自治体国際活動も、姉妹都市交流などの国際交流からスタートし、その後、交流と協力が混ざった地域振興策に発展していく。本節では、吉田（2001：44―49）による研究をもとに、国際交流の時代、国際協力の時代の2つに分けて概観したい。

① 国際交流の時代

日本の姉妹都市提携第一号は、1955年の長崎市とアメリカ合衆国・セントポール市との間で締結された。しかしながら、自治体の国際交流活動が本格化するのは、高度経済成長から安定成長への移行期にあたる1970年代からになる。

このころから、自治体が創設した国際会議が開催され始めた。1972年に東京都が開催し、環境汚染・住宅問題・交通対策など都市問題が中心的に討議された「世界大都市会議」をはじめ、多くの国際会議が創設されていくことになる。1974年に北海道が開催した「北方圏環境会議」では北方圏という類似した自然環境に位置する地方自治体が環境をテーマに国際交流と協力を討議するために開催された。

80年代には、政策交流のための国際会議と自治体連合のアイデアが統合され、「局地交流圏構想」が生まれた。これは、自治体レベルでの国際交流と地域振興を促進するために、地理的なブロックを設定して、経済・政治・文化における交流圏の形成を目指したもので、国際交流と協力をセットにした対外政策を指した。

そして1986年には自治省（当時：現総務省）が「国際交流プロジェクト構想」を策定した。この構想の骨子は、第1に同省が地方自治体の国際化施策の指針を作ること、第2にこれに基づき地方自治体が国際化推進計画を作りそして実施すること、第3に必要経費は政府が財政措置を講ずること、の3点であった。これは、現在の地方自治体における国際活動のビジョンを提示した画期的な構想であった（吉田　2005：206）。

② 国際協力の時代

90年代は地方自治体の国際活動が点から面へ拡大する時代となった（吉田　2001：47）。旧自治省は、86年の「交際交流プロジェクト構想」をもとに、89年には「地域国際交流推進大綱の策定に関する指針」を、95年には「自治体国際協力推進大綱の策定に関する指針について」を打ち出した。

「地域国際交流推進大綱の策定に関する指針」の趣旨は、地域の総合的かつ計画的な国際交流施策の推進に資するためとされ、このことを広く地域住民へ啓発していくことの重要性について触れている。内容としては、地域アイデンティティの確立、地域の活性化、地域住民の意識改革、相互理解の深化などの、地域が国際交流を推進していく目的のほか、活動主体の役割分担、推進体制の整備、人材育成・確保、国際交流施設の整備などを盛り込むべきものとしている。また、地域レベルの国際交流を推進していくためには、民間部門の役割がとくに重要であるとされ、その中核を担う組織として、地域国際化協会の設立を要請している（ＪＩＣＡ　１９９８：22）。

「自治体国際協力推進大綱の策定に関する指針について」においては、国際協力を基本原則として、「対等なパートナーシップに基づく住民参加型の国際協力活動の展開」を掲げており、自治体の行う国際協力の方向性として、ＯＤＡのような多額の資金を必要とする地域開発型の協力ではなく、地域や地方自治体としての特性を生かした多様な国際協力を着実に進めていくことを示している（ＪＩＣＡ　１９９８：23）。

また、88年には旧自治省によって地域レベルでの国際化を支援するために、地方自治体の共同組織として自治体国際化協会（CLAIR, Council of Local Authorities for International Relations）が設立された。これは、地方自治体の国際交流・国際協力・地域の国際化を支援するために海外共同事務所の運営・助成事業・情報提供・調査研究などを実施している現総務省系の財団法人である。また、89年には国際交流事業の実施を体系付けていくために都道府県と政令指定都市に中核的な民間国際交流組織として地域国際交流協会を設立するよう指示し、93年には総務省内に国際室が設置され、その後順次地方自治体においても国際（交流）課が設置されていった。このように、政府と地方自治体いずれにおいても、国際関係業務を担当する部局が整備されていった（吉田 2005：206）。

90年代後半からは、ODA政策の枠組みのなかで地方自治体の役割が議論されるようになった。99年には故小渕首相が「政府開発援助に関する中期政策」を閣議決定し、地方自治体と連携しながら国民参加型の国際協力を促進し、地方自治体の利益にも配慮した効果的な支援や情報提供を行っていくことになった（吉田 2005：206―207）。

このような政策の変化を受けて、JICAは2000年1月に組織機構改革を行い国内事業部を設置し、地方自治体などからの提案に基づいた専門家を派遣する「国民参加型専門家派遣事業」や、地方自治体やNGOなどが計画する研修員受け入れ事業である「地方枠」研修（地域提案型研修）など、地方自治体との連携を促進するための取り組みが始まった。実際、草の根事業協力・プロジェクト方式技術協力などによって、環境保全・産業技術・保健医療など経済社会開発分野で地方自治体との連携事業が急速に増加していった。

それでは、わが国の開発援助・国際協力の実施機関であるＪＩＣＡと地方自治体がどのような連携を行ってきたのであろうか、また、現在行っているのであろうか。次節ではこの点に焦点を当ててみることにしよう。

政府機関（ＪＩＣＡ）との連携の変遷

ここでは、国内事業部を設置してからの国際協力機構（ＪＩＣＡ）と地方自治体との連携の変遷をたどっていきたい。まず、なぜ国内事業部を設置する必要があったのか、その意義は何なのか、また、そもそも地方自治体とＪＩＣＡが連携する意義は何なのか、といったことから考えていく。そして、国内事業部を設置した時期と前後して行われるようになった事業手法について触れる。

① 国内事業部設置の経緯と意義

ＪＩＣＡは２０００年１月に組織改編を実施した。その目的は、①途上国と国際社会の重点に対応する機能の強化、②事業監理・審査機能の強化、③参加型協力の推進と援助人材の確保・育成に対応する機能の強化、であった。NGO、大学、地方自治体などとの連携や国民参加型事業の推進は、国内事業部などの各部や全国各地のJICA国内機関が対応するようになった。国内事業部の役割は、国内における研修員受入・青年招へい事業などの業務、および、一般国民の国際協力に対する理解を促進するための開発教育の支援・啓発・国内広報などの業務を行うことである。また、国内事業部設置の狙いは、①地方自治体・NGO等の主体的な取り組みとの連携促進、②現場主義の推進による地域密着型・参加型事業の展開、③国民理解の促進による迅速な開発の推進、の3つとなっている(JICA 2000：138)。

地方自治体と連携することの意義を、JICA(2000：198―199)は以下の3点にまとめている。第1に、双方が有する知識・技術・経験の共有である。これは、地方自治体が有する教育、地域保健、上下水道、廃棄物処理などの分野におけるさまざまな知識、技術、経験は、途上国の開発においてもニーズの高い分野であるため、JICAにとって自治体と連携することは非常に有益である。同時に、自治体にとっても、JICAが国際協力のノウハウをもっているので、国際協力事業を行っていく上で、サポートを得ることが可能になる、ということである。

第2に、途上国の地方自治支援に関しての連携である。近年、途上国においても地方分権が進展しつつあり、そのため途上国の地方自治体の行政能力強化や制度構築が緊急の課題になっている。そこで、日本の地方自治体が有する多様なノウハウが途上国の課題を解決するために必要不可欠である、ということである。

第3が、「参加型」協力の促進である。この参加型協力にはさらに3つの目的・期待がある。1つ目が、住民に最も近い存在である地方自治体が国際協力事業に参画することにより、それぞれの住民が国際協力事業を身近なものとして認識し、協力内容についての理解や議論を呼び起こしていくことである。2つ目が、参加型協力によって、わが国のODAによる国際協力事業のための人的裾野を拡大し、国民レベルでの「顔の見える援助」を展開していくことである。そして、3つ目が、自治体側としても、JICAと連携することにより途上国側の援助ニーズの把握が可能になり、国際協力のためのノウハウや手法が蓄積され、結果として、これまで以上に多様な国際協力事業の実施が可能になる、という期待である。

② 国民参加型協力の推進

現在の国際協力においては地方自治体が有する技術の活用が不可欠な状況になっており、さらに、従来の官主導型のもしくは政府対政府という形式での対応が困難なケース（援助受け入れ側の関係機関が非政府組織・団体である場合など）に対応する必要から、2002年に「国民参加協力推進事業」が新設された。この事業の目標は、①国際協力に対する理解増進・国際協力参加の裾野拡大、②国民参加型協力の拡充、③国際協力の担い手を幅広く育成、の3つになっている。これらの目標の下、JICAはNGOや地方自治体などの参加を得て日本国内外で実施する技術協力、国民の国際協力理解促進のための各種活動、市民レベルのさまざまな国際協力活動に対する支援などを行っている（JICA 2003：69）

③ JICAと地方自治体との連携事業

JICA（2003：71―72）によると、JICAと地方自治体の連携事業は以下の3つの形態に分類できる。①案件形成時の連携、②研修員受入等の事業実施における連携、③自治体等からの提案による案件実施における連携、の3つである。

このうち、①には自治体連携案件形成ワークショップと自治体連携プロジェクト形成調査がある。前者はＪＩＣＡと自治体が新たに取り組もうとしている案件について、地域の住民や関係団体とともに考え、意見交換する場を提供しようというもので、後者は、すでに地方自治体として途上国の現状・開発課題などの把握ができている場合には、ワークショップを行わなくても、プロジェクト形成調査を実施することにより地方自治体が参加する案件を発掘することを目的にしたもので、ともに１９９８年から行われている。

②には技術研修員の受け入れと、青年招へい事業（現在の青年研修事業）が含まれている。これらの歴史は古く、研修員受け入れは１９５４年度から、青年招へい事業は１９８４年度から行われている。

③に関しては、２００２年度より国民参加型協力推進事業として「草の根技術協力事業」という形で行われている。草の根技術協力事業は、日本のＮＧＯ、大学、地方自治体、および公益法人の団体等がこれまでに培ってきた経験や技術を活かして企画した、途上国への協力活動をＪＩＣＡが支援し、共同で実施する事業で、具体的には、ＪＩＣＡが提案団体による主体的な活動の提案を審査し、政府開発援助（ＯＤＡ）による実施が妥当であると認める提案について、承認した活動計画に基づき、その事業を支援するものであ

る。草の根協力事業においては、人を介した「技術協力」であること、開発途上国の人々の生活改善・生計向上に直接役立つ保健や教育といった基礎的な生活分野であること、日本の市民に対して国際協力への理解・参加を促す機会となること、の3点を特に重視している。このなかには、地方自治体が現地での技術指導や途上国からの研修員の受け入れといった事業提案を行う「地域提案型」と、開発途上国への支援について一定の実績を有しているNGO等の団体が事業を提案する「草の根パートナー型」、そして、国内での活動実績はあるものの、途上国への支援実績が少ないNGOなどの団体が事業を提案する「草の根協力支援型」の3つがある。地域提案型でODA資金を利用して自治体が国際協力活動を行っていくということは、自治体側からすると、政府の補助事業が減るなかで、ODAを地域おこしに利用するという考え方になろう。

グローバリゼーションにおける「国際」協力の陳腐化

国境の意味はどれほど重要なのであろうか。相互依存関係が深化・拡大する現象がグローバル化であり、その程度が少ないものが国際化であるといえる。つまり、国際経済と国内経済というような従来の2分法がきれいに成立しない状況であり、したがって国という概念が希薄化する現象がグローバリゼーションである、といえる。国際化から、ボーダーレス状態がさらに進んだところにグローバル化がある（阿部・石戸　２００８：15－28）。

国という概念が希薄化する現象は経済分野にとどまらないことは明らかである。政治学の分野においては「社会化する政治」や「状況化するデモクラシー」として語られている。藪野（２００５：１－43）によると、「社会化する政治」とは、政治的機能を国家が独占して担っていた時代から、国家に変わってローカルという地域社会がそれを担う時代へ移行する過程を指す。また、「状況化するデモクラシー」とは、社会化する政治という流れを受けて、ローカルという文脈に即したデモクラシーを構築する上で、「国家レベル（組織的・社会的レベル）や企業レベル（制度的・経済的レベル）だけでなく、個人や家庭という市民レベル（状況的・社会的レベル）にまで立ち入って考える必要性がある」とされる。

いずれにおいても、国際化の前提である国家という枠組みが確固とした土台を失い、ローカルが直接的に関係を築く状況になっている点を指摘している。

では、国際協力分野においてはこの時代の流れがどのように表れるべきであろうか。そもそも、「国際」協力という言葉が陳腐化しているように思えてならない。国という境界線が意識されなくなる時代に「国際」協力といっても実感がわきにくいのではないか。また、国家の戦略的意図から自治体がＯＤＡを利用するという枠組みも大きな意味をもたないように思えてくる。むしろ、従来の international cooperation ではなく、global cooperation の訳語としての国際協力という発想をもつべきではないであろうか。ただし、これは国家の必要性を否定するものではない。実際、グローナカル（グローカルにナショナルを加えた造語）という言葉が象徴するように、現実には国家の役割を無視することなど不可能だからである。したがって、グローバル・ナショナル・ローカルを合わせた多様で多層なアクターが展開する公共性の重要性が高まっている。

では、どのようにして、この重要性を自治体職員や住民の１人ひとりが認識していくのであろうか。前章では、地域自らが策定する開発モデル内に国際協力を位置づけることが急務であると指摘し、外部者の役割を述べた。そのための地域の人づくりや仕掛け作りが必要となるわけだが、この点は第６章の「国際開発の知見を地域おこしに」で触れることになる。

本章のまとめ

内発的発展やグローバル化という視点からこの章を再考すると、この章で紹介したことの欠点が見えてくる。内発的発展の条件として、地域住民自身が地域資源の価値を再発見し、利用していくことが必要であるといわれている。一方で、ＣＤＩに基づく国際協力においては、CDI-JAPANとシューマン（２００１：31）によると、「地域にあって、相手地域の開発資源として役立つものを発見し、活用することが自治体の国際協力の特徴である。（中略）地域の資源の発見→相手の地域にとっての資源としての利用→地域にとっての資源としての再利用（還元）という循環が地域からの国際協力の醍醐味だと言っても過言ではない。」とされている。つまり、あくまでも使う資源は協力する側の資源であり、そのうち相手側の国で使え、かつ自分の地域で再利用可能なものを相手地域へ移転する、という発想になる。この発想は、未だ「北」から「南」への技術移転というレベルにとどまっているといえる。

また、ＪＩＣＡとの連携事業に関しても、あくまでもＪＩＣＡの視点からすれば、途上国からの要請に対して、最も効果的・効率的に事業を実施できる主体は誰であるのか、という視点から自治体が選ばれたにすぎず、自治体自身の地域振興を考えたものであるとはいえない。つまり、JICAから見ると、自治体も民間団体も大学も区別がなく、自治体の公的責務を考慮に入れているわけではない。この点は吉田（2005：2—9）も指摘している。また、自治体が国際協力を行う上でのメリットを4つ挙げたが、これもJICAの視点から見た自治体を説得するためのレトリック・枠組みである可能性を否定できない。

つまり、CDIにせよ、JICAにせよ、第一の目的は途上国への人・物を介した技術の移転であって、そのフィードバックとしての、もしくは協力と同時進行での日本の自治体やそこに住む住民へのインパクトは二の次となる。この問題を克服するには、自治体が独自に国際協力を行っていく事例や、ローカルとローカルが独自につながる過程でJICAやNGOといったアクターが自治体の活動に着目し加わっていく事例から学ぶ必要がある。それらの事例を通して、自治体側から見た国際協力の意義や思想的背景が見えてくることが期待される。

第3章　国際協力を地域づくりに生かす町

国際協力を再考する

前章の最後の問題提起をふまえて、あらためて「国際協力」の意味を考えてみたい。「国際」とは大辞泉によると「複数の国家に関係していること。世界的であること。多く他の語の上に付けて用いる」とある。そして「協力」とは、「(スル) 力を合わせて事にあたること」とある。したがって、「国際協力」とは、「力を合わせて世界的な問題に対処すること」であるといえる。飢えている人に食料を配給する、学校のないところに学校を建ててあげるということも「貧困」という世界的な問題に対処するために当事国だけではなく、複数の国が協力して活動していることを意味している。しかしながら、ここで問題となるのは、「貧困」の解決に先進国といわれている国から開発途上国といわれている国への一方的な支援が果たして有効かどうかである。

「貧困」には、人間が生存する上で必要不可欠な物資を得ることができない「絶対的な貧困」と他の人間との比較を基準とした「相対的な貧困」の2つがある。しかしながら問題の本質は、なぜ人間が存在する上で必要不可欠なものを得ることができない人が存在するようなシステムがあり、なぜ経済的な価値観によって他の人間との比較が公然と行われるような社会が存在するのかということである。したがって、「貧困」を解消するということは、一時的に状態を解消するだけであってはならない。では、「国際協力」で何を私たち（スペシャリストもノンスペシャリストも含めて）はしなければならないのであろうか。

グローバリゼーションと貧困

一般的に開発途上国といわれる国の農村地域においてもコカコーラと携帯電話は見受けられる。賛否はあるもののグローバリゼーションが地球規模で起こっていることを否定する人はいないであろう。そして、グローバリゼーションの問題の1つが、経済的な価値観が世界的に判断の基準となっていることであることも否定する人は少ないであろう。なぜ、絶対的な貧困が起こるのであろうか。単純に言えば、ある人間がある地域で生活しうる以上の生活水準を保とうとすれば、それは他の地域から不足分を補充する必要がある。そして、他の地域から不足分を補充するためには生活価値（人間が生存するために必要なものとしての価値）で物資の価値を測るのではなく、交換価値で物資の価値を測る必要がある。つまり、高交換価値・低生活価値を生産する地域（例えば、パソコンや自動車などの工業製品）は、低交換価値・高生活価値（例えば、農産品）を生産する地域と売買を実施する必要を生じさせなければならない。そのため、生活価値の低いパソコンや自動車が生活価値の高い農産物よりも価値が高いことが地域を越えて共通理解となる必要がある。ある人間が自動車の価値を認めなければ、1台の自動車にたとえ何万人の人間が労働を投入したとしても、材料費相当（自動車をスクラップしたときの鉄の値段）以上のトマトと交換することはできない。今、グローバリゼーションで交換価値の統一化が行われている以上、低交換価値を生産する地域は必然的に高交換価値を有している地域よりも不利な状況に置かれている。低交換価値・高生活価値生産地域の人間が高交換価値・低生活価値の物資を所有したいと考えるならば、当然のことながら低交換価値・高生活価値の物資を高交換価値・低生活価値の物資と交換できるだけ所有する必要がある。ある地域における物資の生産性向上が高交換価値製品と低生産価値製品の交換レートを超えない限り、同地域における他の人間が低交換価値・高生活価値の物資を所有することが難しくなる。そのため、絶対的な貧困が発生するのである。物が不足するから絶対的な貧困が発生するのではなく、交換の権利が不平等に決定されているため絶対的な貧困が発生するのである。

では、なぜ、相対的な貧困が起こるのであろうか？　ある人間が高交換価値の製品を多量に所有していても、そのこと自体が生活の向上にはつながらない。1万台の車を所有していても、交換する相手がいなくては、人間は生活をすることはできないのである。つまり、人間が交換したいと思うような物があふれる社会では、交換価値の高い物資をより多く有する人間の方が、交換価値の低い物資を有する人間よりも所有できる物資量が多くなる。一方、物があふれていない社会では必然的に交換価値が高い物資よりも生活価値が高い物資を人は選好する。よって、必要以上の物が存在しない社会では、物が豊富な社会より相対的な貧困というものは少ない。人間の生活をより便利にするために物が増えたが、そのことにより相対的な貧困も増加したのである。

貧困というものは、ある人間が持続可能な生活以上の水準を保とうとすれば、必然的に生じる現象なのである。したがって、貧困という現象を解決しようとすれば、人間1人ひとりが自分の生活空間に存在する資源の持続可能な限界を理解し、そのために生活水準をコントロールする必要がある。
貧困という世界的な現象を克服するためには、開発途上国といわれる国々の人たちの生活向上だけではなく、先進国といわれる国々が生活のあり方を検討する必要があるのである。したがって、「国際協力」とはスペシャリストによる開発途上国といわれる国に対する技術的支援だけではなく、ノンスペシャリストである市民の生活に対する自己評価まで含めた話なのである。

日本の国土開発から見る地域づくり／まちづくりの必要性

では、なぜ日本において地域づくり／まちづくりに国際協力というものが必要なのであろうか。そのためには、戦後日本の国土開発の歴史を見てみる必要がある。佐藤快信（2007）によると戦後日本における国土開発の流れは、以下のようにまとめられる。

a．戦後から1950年代
食糧増産政策を中心とした「資源開発と国土復興」の時期で、地域開発における工業への偏重と都市集中の兆しが見え始めた。

b．1960年代

「国土復興期」が終了し、急激な経済成長と「全国総合開発計画」が導入されたが、農山漁村地域を都市的生活圏のなかに包括しようとする目論見は失敗してしまった。

c．1970年代から1980年代

「日本列島改造計論」（1972）にみられる都市と農村の二極化および公害の社会問題化が起こった。リゾート開発など農山漁村の大型開発事業がバブル崩壊で消滅した。

d．1990年代以降

「多様性のある地域づくり」（21世紀グランドデザイン）にみられるように自立した地方単位の地域づくりが求められている。その背景には労働力供給源としての農漁村が疲弊し、行政に頼らず、住民自身が打開策を見つけなければならないという危機感が根底にあると思われる。

このように、戦後日本における国土開発の流れは、中央集権体制の政府主導による日本国民全体の生活水準向上であり、そのために国をあげての工業化が実施された。しかしながら、工業化が進む一方で農村の人口流出は限界に達し、集落として維持できないところも出てきている。このことは、地域資源の持続的な活用を無視したアンバランスな経済成長が限界に達していることを意味している。前節で説明したように、低交換価値・高生活価値な農産物を生産する農村部は、高交換価値・低生活価値を生産する都市部に比べて経済的に不利である。したがって、農村部が生き残りを図るならば、交換価値において物事を判断するのではなく、生活価値において物事を考える必要がある。多様な地域の人々が交流し、さまざまな生活価値の交換を行うこと、特に開発途上国の研修生から物の価値について学び、彼らの意見を参考にして地域ビジョンを作成することに可能性が見出される。つまり、国際協力とは日本が開発途上国といわれる国々の人々へ日本のようになるように支援するというのではなく、交換価値に代わる生活価値としての物の価値について意見を交換し、それぞれの国・地域におけるビジョンを作る場であると考えられる。このことを念頭に置いて、国際協力機構（ＪＩＣＡ）研修員受入事業を行っている4つの市町を紹介する。ここではＪＩＣＡ研修は、単なる経済的な呼び水としての事業ではなく、地域ビジョン作りのための試行錯誤として描写される。

ＪＩＣＡ研修と町づくり：４つの事例

本項において取り上げられる4つの市町は、長崎県北松浦郡小値賀町、山口県阿武郡阿武町、滋賀県犬上郡甲良町、そして北海道滝川市である。

長崎県北松浦郡小値賀町は、人口3、268人（2005年国勢調査)、町の面積は25・46㎢、佐世保から高速船で約2時間の五島列島に属する離島である。その地理的条件から遣唐使の寄港地として栄え、また江戸時代には捕鯨でにぎわった。しかしながら、高度経済成長とともに人口の流出がすすみ、現在は高齢化と人口の減少に苦しんでいる。なお、2000年から2005年の人口変化はマイナス13・2%である。主な産業は農業と漁業で、産業三部門別割合は一次産業40・3%、二次産業8・5%、三次産業51・1%である(2005年国勢調査)。現在小値賀町は、米国人高校生との交流を企画するなど、国際ツーリズムの町としてもがんばっている。主なJICA研修の受入国はアフリカ諸国、東南アジアから始められたが、近年は南太平洋諸国に絞り込んでいる。小値賀町の概要については次の章で詳しく述べられているため、この程度の説明にとめておき、残る3市町については、もう少しその概要を説明することとしよう。

山口県阿武町は人口4、101人（2005年国勢調査）、面積116・07㎢、萩市からバスで約20分の長門国定公園を有する町である。空路の場合、石見空港からJR山陰本線益田駅まで連絡バスを使い、その後はJR山陰本線で奈古・木与・宇田郷の各駅を利用することができる。ちなみに阿武町の役場本庁がある奈古は、毛利氏に降った尼子義久が移住してきた場所でもある。なぜ、尼子氏についてここで述べたかというと、次に紹介する滋賀県甲良町が尼子氏発祥の地であるからである。偶然にもJICA研修を積極的に受け入れている両町が尼子氏という戦国大名でつながっていたことは大変興味深い。阿武町は55の地区（2008年度現在、自治会制度に移行中のため地区数は変化している）からなりたっており、それぞれの地区が違った特徴をもっている。海岸部と山間部の特徴が違うのはもとより、海岸部においても地区によって特徴が異なっている。例えば山口県初の漁家民宿がある宇田郷尾無地区は漁師町であるが、集落の背後には農地も多くあり半農半漁の生活を住民の多くが営んでいる。一方、奈古の浦（西、浜、釜屋）地区は家屋が密集し、路地が迷路のように入りくんでいるのが特徴である。実際に両地区を歩いてみると、尾無地区は潮と土のにおいがするいかにも小さな漁師町であるが、奈古の浦地区は少し内部に入ると海は見えず、普通の住宅密集地という印象がする。山間部の福賀地区は、平坦な農地が多く農業を中心とした地域である。このように、それぞれの地区が異なった特徴をもっているのが阿武町の魅力であるといえよう。特産品としては奈古の浦、宇田郷には新鮮な魚貝類、キウイフルーツがあり、福賀地区には水稲の他、準高冷地の環境を生かした高い品質の梨、スイカ、白菜、ホウレンソウがある。さらに最近ヘルシーな肉として注目されている無角和牛も町の特産品の1つとなっている。主な産業は農林業と漁業で、産業三部門別割合は一次産業30・3％、二次産業23・5％、三次産業46・1％である（2005年国勢調査）。しかしながら、高度経済成長とともに人口の流出がすすみ、高齢化と人口の減少に苦しんでいる。阿武町の発足は1955年であるが、その年の国勢調査によると人口は10、789人であった。これが、2005年時点で4、101人であるということは半世紀で人口が半減したということである。なお、2000年から2005年の人口変化はマイナス10・0％である。このようななかで萩市への合併が検討されたが、阿武町は自立の道を選択した。

阿武町は周囲を萩市にかこまれており、この選択がいかに難しいものであったかが想像される。このような町の状況を何とかしようと、現在阿武町は、グリーン・ツーリズムを中心にまちづくりに取り組んでいる。具体的な町づくりの内容としては、日本全国に先駆けて発足した「阿武町道の駅」の再生、清ヶ浜の鳴き砂を復活するための清掃活動、空き家を利用したUJIターンの受け入れ、消滅した集落を復活させた「あったか村」の建設、農家民宿の発足などである。

これらはいずれも行政主導ではなく、住民のなかから発案され運営されているのも特徴であろう。さらにソフト面での特徴を挙げると、合併をしなかったからこそ自分たちが頑張らなければ地域は発展しないという気運の高まりが感じられる。

3つの農事組合法人の先進的な活動、特に女性部の活動成果は著しく、直売所の運営や特産品の開発、また地域の環境美化活動などへの取り組みは、与えられた役と地域に対する意識が人を育てる現場を見ることができる。

このように阿武町は30年近く、都市部からの訪問者を積極的に受け入れて「むらまち交流」を推進し、交流を通じて新しい発想を得てまちづくりに生かしてきた。そうしたまちづくりの経験は、途上国の人々の参考になると考えたJICAからの依頼で、2006年に初めてJICA研修員の視察を受け入れた。その目的は研修員がまちづくりを学ぶと同時に、その地域の課題解決に役立つ提言を行うことである（Monthly Jica 2008 September：30―31）。なお、主な研修受入国はアフリカ諸国である。

阿武町がＪＩＣＡなどの研修員を受け入れる目的は、訪れる人たちから地域がいかに学び成長するかにあり、学ぶことができなければ受け入れる意味がないと思っている。したがって、プログラムのなかに地域住民も学べる内容を取り入れ、本音で語れる研修を望んでいる。

滋賀県甲良町は、人口８、１０３人（２００５年国勢調査）、面積13・62㎢、２０００年から２００５年の人口変化はマイナス０・８％である。これは、日本の郡部における平均人口増減が、マイナス１・２％であることから、他の農村といわれる地域に比べ、人口の減少が著しくないことを示している。甲良町は琵琶湖の東側に位置し、名神高速道路彦根インターから車で約20分、近江鉄道尼子駅から徒歩30分で役場のある集落にたどり着く。犬上川が町の北部を流れる扇状地に位置しているという地理的特徴から奈良時代から米どころとして知られた地域である。また、近江商人、甲良大工などを輩出した土地でもある。しかし近年は、町内北落地区を含めた一帯に工業団地などが整備され、二次産業も盛んになってきている。このことは、本章で紹介している他の3市町と異なっている点である。工場の進出により、外国人労働者が増えているため、多文化を理解するということが、甲良町では重要となってきているといえよう。現に、近江鉄道に乗っていると、3～4人のアジア人が車内で日本語以外の言葉で会話をしているのを耳にする。日本の二次産業はアジアの隣国と競争しなければならないため、外国人労働者の受け入れは、工場を有している市町村がかならず向き合わなければならない課題であろう。このように主な産業は農業から工業へ移り、産業三部門別割合は一次産業4・8％、二次産業45・5％、三次産業49・5％である（2005年国勢調査）。

甲良町が住民主体のまちとして有名になったのは、1990年に「むらづくり委員会」が13集落において誕生し、町のインフラ整備事業に住民が計画段階から参加したことによる。これは、1981年から始まったほ場整備事業（集落内水路のパイプライン化工事）によって町の景観が変わることに住民が危機感を抱いたためである。このような住民主体の取り組みが評価され、甲良町のまちづくりは日本のみならず、世界中から視察者が来るようになった。実際に甲良町を歩いてみるといたるところに花壇が設けられ、また用水路には魚が泳いでおり、大変美しい環境を保っていることに驚かされる。このような環境保全は行政・業者に自分たちの生活空間の整備を丸投げせず、「住民・行政・専門家のパートナーシップ」によって住民自身が生活空間の整備に取り組んだ結果であるといえよう。

甲良町におけるゴミの分別に関する研修の様子

甲良町におけるＪＩＣＡ研修員事業は、まず研修員が役場職員から住民主体のまちづくりに関する講義を受けた後に、実際に集落を自分の足で歩くことによって始まる。集落を歩いて研修員は、甲良と比較しつつ自国の課題を整理した上で、村づくり委員会の代表らと議論し、自国で自分達が取り組むべきプロジェクトを考案する。一方甲良町も、研修員の意見から新たな気付きを得てまちづくりの切り口とし、少額でも受け入れ資金をまちづくりの活動に生かしている（Monthly Jica 2008 June：30—31）。なお、主な研修受入国はタイ王国、韓国、中南米諸国などである。

北海道滝川市は、人口４５､５６２人（２００５年国勢調査）、面積１１５・82㎢、２０００

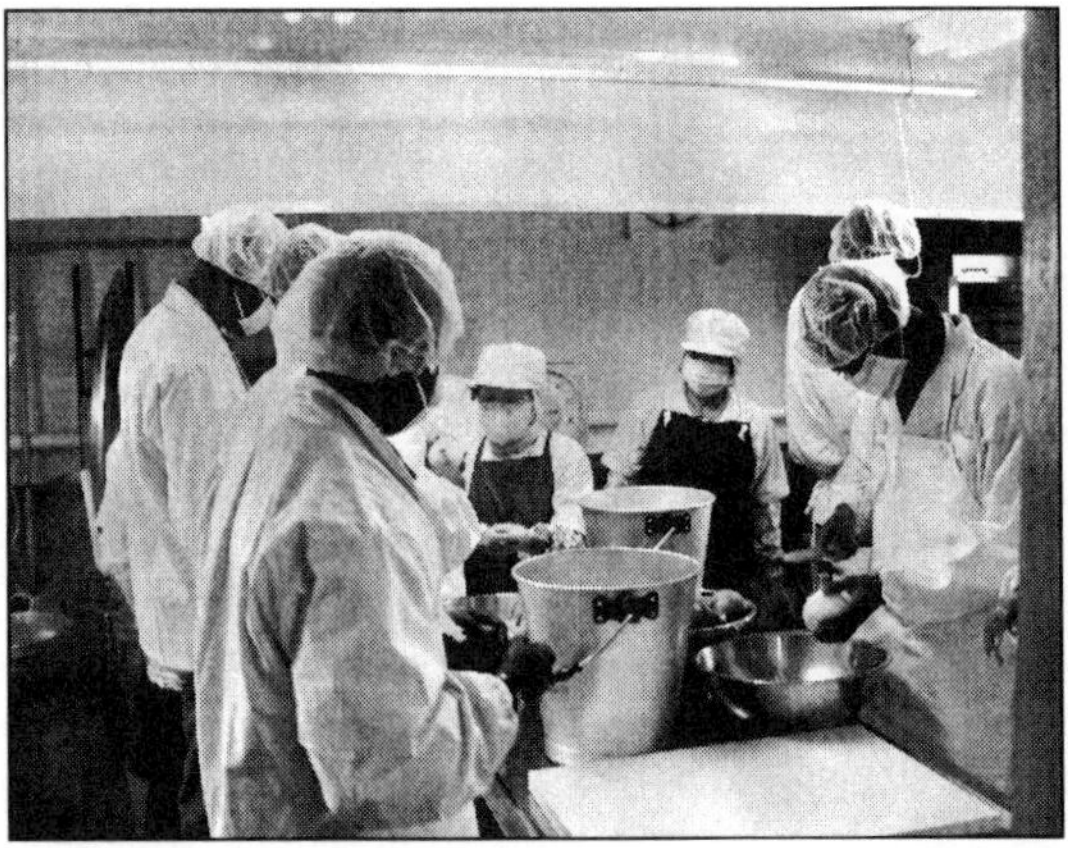

滝川市における農産物加工研修（ジャムづくり）の様子

年から2005年の人口変化はマイナス2・8%である。日本の市部における人口増減率はプラス1・0%であるため、滝川市も市部としては人口の流出が大きい地域であるといえよう。滝川市は、石狩川と空知川に囲まれた平野部に位置している。気候は内陸性気候で、雪は11月上旬から降り始め、4月上旬まで続く。札幌から特急で50分、明治23年に北方警備と開拓のため入植した屯田兵の町として始まり、その後は、周辺炭鉱からの石炭輸送および交通の要所として栄えた。しかしながら、石炭産業の衰退と交通機関の発達による人および物流の変化から、公共事業に頼らざるをえない時期があったが、現在は、農業、商業による地域活性化を目指している。

産業三部門別割合は一次産業5・9％、二次産業19・1％、三次産業74・6％である（2005年国勢調査）。農業に関して言えば、穀類は米、小麦、大豆、そば、なたね、野菜・果樹類は、玉ねぎ、トマト、アスパラガス、長ネギ、りんご等の生産が有名である。また、滝川市は農業に適した気候であるため、農業に関する研究所が多数集まっている。その特色を活かして、JICA研修生などを多数受け入れ、国際技術研修都市としてがんばっている。主な農業系の研究機関としては、北海道立花・野菜技術センター、道立中央農業試験場遺伝資源部、ホクレン滝川種苗生産センターなどが挙げられる。このような農業ノウハウを開発途上国に伝えようと、滝川市国際交流協会（現（社）滝川国際交流協会）が中心となり、マラウイの青年を受け入れ始めたが、現在では、独自の技術をもつ地域産業を研修員に紹介することも行っている。一方、外国人を見ることが珍しかった滝川の町でも、口コミで国際協力の輪が広まり、次第に協力してくれる農家、団体、研究機関、ホームステイを受け入れてくれる家庭が増えてきている。そのため、街中を外国人が自転車に乗っている姿を一般市民が見ても誰も驚かないようになってきている（JICA's World March　2009：22—23）。なお、主な研修受入国はマラウイ共和国、ブータン王国などである。

以上4市町の概要を表にすると次頁のようになる。

図表3―1のように、これら4市町は異なる特色をもっている。このため、特色を活かした町づくり（地域ビジョン）においても違いがみられる。ただ、長崎県小値賀町と山口県阿武町がツーリズムに着目しているのは、活用できる地域資源に共通性があるためである。

では、この4市町に共通する項目はなんであろうか。まずは、JICA研修受入事業のきっかけが似ている。各市町でJICA研修受入事業が始まったのは、次の理由による。小値賀町では、JICA九州の担当者が知り合いの大学教授に研修にふさわしい町を紹介してもらったのが始まりである。阿武町は在住していたコンサルタント会社社長が、農村に素晴らしい伝統文化と途上国開発に必要なノウハウがあることを知らせ、S氏の農家民宿開業に伴い、県から宿泊の依頼、さらにJICAから直接依頼がなされた。滋賀県甲良町は、住民参加のまちづくりとして有名であったため、滋賀県を通して依頼が来た。滝川市は当時のJICA札幌所長が（社）北方圏センターへ出向中の滝川市職員に対して地域提案型研修生受入事業をやってみないかと誘ったためである。4市町のJICA研修生受入事業に共通するのは、国際協力事業に興味があり、JICAに研修生受け入れをお願いしに行ったわけではなく、JICAからつてを通してお願いされたために研修生受入事業

図表3－1　JICA研修を町づくりに活かしている4市町の概要

	長崎県 小値賀町	山口県 阿武町	滋賀県 甲良町	北海道 滝川市
人口 （2005年）	3,268人	4,101人	8,103人	45,562人
人口減少率 （平成12から17年）	－13.2%	－10.0%	－0.8%	－2.8%
面積	25.46 km^2	116.07 km^2	13.62 km^2	115.82 km^2
地理的条件	離島	崖に囲まれた海岸部と山間地	平野	平野
産業の特色	他地域に比べ一次産業の割合が高い	他地域に比べ一次産業の割合が高い	他地域に比べ二次産業の割合が高い	他地域に比べ三次産業の割合が高い
主な受入国	南太平洋諸国	アフリカ諸国等	タイ王国等	マラウイ共和国等
特色を生かしたまちづくり	国際ツーリズム	グリーン・ツーリズム	住民参加の町 多文化理解の町	国際技術研修都市
研修員への研修内容	参加型調査方法	交流を通じての新しい発想の獲得	住民主体の開発	農業ノウハウ

出所：各市町のホームページを参考に筆者が作成。

が始まったことである。このことから、JICAは各市町が国際協力と関係をもつ「きっかけ」となったことは確かである。

キー・パーソンと外部のブレーン

つぎに、4市町に共通するのは、キー・パーソンと呼ばれる人物が1人、または複数存在することである。小値賀町には、総務課自立班のF氏、阿武町には、グリーン・ツーリズム推進協議会のS氏とM氏、甲良町にはまちづくりグループのY氏、滝川市には（社）国際交流協会にも関わる市職員のY氏などである。もちろん、これらのキー・パーソンのみが旗振り役になっているわけではないが、これらのキー・パーソンがもつネットワークが大変重要であることは間違いない。

つぎに、キー・パーソンのブレーンとなる大学もしくは専門家の存在も見逃せない。小値賀の場合には長崎ウエスレヤン大学のS氏、阿武町の場合には、山口大学のT氏、甲良町の場合は、1人ではなく、実にさまざまな大学の先生／専門家が同町のまちづくりに協力している。例外なのが滝川市の場合である。滝川市の場合には、これといった大学の先生／専門家のブレーンがみられないが、これは、キー・パーソンの市職員Y氏自身が、米国留学の経験もあり、(社)北方圏センターに出向の経験があるなど、コーディネーターとして市役所農政課や普及センターの職員の技術やノウハウをとりまとめているためと思われる。実は、このことは、甲良町のY氏の場合にもいえることであるが、小値賀町と阿武町の研修にはブレーンが参加して、あれこれと助言しているが、甲良町および滝川市の場合には外部のブレーンの助言なしで研修生受け入れをこなしている。これは、経験の蓄積の問題であるとも思われる。以前は、甲良町の場合にも、助言をする先生／専門家の存在が必要であったが、研修受け入れが10年以上経過し、現在は先生／専門家の助言を必要としていないのではないだろうか。このようなブレーンの役割は主に、①専門的な視点から研修内容に提言をあたえること、②ネットワーク作りを手伝うこと、である。例えば、生活水路に隣接する家の配置の仕方について研修生から質問があった場合、住民は昔からそのようであったとしか答えようがない。しかしながら、ブレーンがいる場合、生活用水路に隣接する家の配置を都市計画の視点から説明することができる。また、研修内容が多岐にわたるにつれて、行政や住民では対応できないことが生じた場合、ブレーンのもつネットワークを活用することができる。例えば、グリーン・ツーリズムの研修に関し、世界遺産の登録に関する要請があった場合、ブレーンのもつネットワークを使って、世界遺産に登録されている地域とコンタクトを取ることができる。以上の共通点をまとめてみると図表3―2のようになる。

さて、表を要約してみると、次のようなことがいえる。4市町とも自分からJICA研修生受け入れを始めたのではなく、「縁」からJICA研修事業を受け入れることになった。JICA研修の実施に関しては、1人または複数のキー・パーソンがおり、キー・パーソンを支えるブレーンがいる。

キー・パーソンが感じていた町の危機

いかにJICAというきっかけであったとしても、きっかけを受け入れる背景はかならずある。それは、4市町に共通するキー・パーソン

図表3―2　4市町の共通性

	長崎県 小値賀町	山口県 阿武町	滋賀県 甲良町	北海道 滝川市
きっかけ	大学教授の推薦	コンサルタント社長の推薦	滋賀県からのお願い	JICAからの情報提供を元に，提案
キー・パーソン	役場のF氏	グリーン・ツーリズム推進協議会のS氏とM氏	役場のY氏	市職員のY氏
ブレーン	長崎ウエスレヤン大学S氏	山口大学T氏	多数	キー・パーソンが市役所，普及センターと協力

の危機感である。キー・パーソンの危機感は、本章最初で説明したように、中央政府主導の政策では自分の生活する地域の崩壊を食い止めることができないという現実から発している。キー・パーソンがＪＩＣＡというきっかけを通して始めた国際協力が、地域住民の間で認知され、地域の特色を活かした発展につながっている。国際ツーリズム、グリーン・ツーリズム、多文化理解、国際技術研修都市、などは確かに以前から地域にその母体となるものが存在したはずである。しかしながら、ＪＩＣＡ研修生を受け入れることによって、なぜその地域で過去にある産業が栄え、それが高度経済成長によって苦境に陥り、新たに別の形となって生まれ変わっているのかを説明しなければならない。なんとなく存在していたものを第三者に説明する必要が生じたのである。地域というものは、個人が努力してもその効果は限定的である。個人の危機感が地域の危機感となるようにキー・パーソンは何らかの工夫をしなければならない。そのための手段の１つが研修生受入事業であったといえる。つまり、研修生を受け入れるということは、地域住民が再度自分の地域を勉強し、地域の強みを理解し、その地域の生活価値を再認識する場を与えられるということなのである。

交換価値においては低い、またはまったく価値のない物に、生活価値を見出すことはそこに生活している者にとっては大変難しい。なぜならば、私たち日本人は交換価値の支配する社会で生活しているためである。したがって、自分たちの価値観を覆すためには、異なった価値観をもつ世界の人々に地域の生活価値を見つけ出してもらい、その価値の高さを再認識する必要がある。そこに、国際協力を地域が行うことの大きな意味がある。

これからの国際協力—滋賀県甲良町と北海道滝川市の挑戦—

さて今までの話を踏まえ、これからの国際協力のあり方というものを、JICA研修生受入を比較的長く実施している滋賀県甲良町と北海道滝川市の事例から考えてみたい。

滋賀県甲良町においては、1992年からJICA研修生受入事業を実施しているが、2002年のJICAタイ研修員受入事業から町としての国際協力が地区（甲良町には13の地区が存在する）としての国際協力に変化した。甲良町北落地区はタイとの国際協力を、在士地区では中米カリブとの国際協力を実施している。特に、北落地区においては、2007年に使節団をタイに派遣し、現地の村と国際交流の協定を結んでいる。その中心となっているのは、子供をもっている世帯が中心となって創設した地区の交流研修部である。そして、この動きを支援するために、役場では国際交流企画員を2008年度から設置した。また、2008年度の中学生海外派遣事業も今までの欧米・オセアニアへの派遣ではなく、タイへの派遣としている。このように、行政主導の国際協力が住民主導への国際協力へ変化したのには、それなりの理由がある。これは、「高度経済成長期に上から目線で物事を見るようになった」（北落地区住民）日本人への反省である。JICA研修生受入事業、現地への視察を通し、地域住民（全員ではなく一部）が、いままでの日本の発展のあり方に疑問をもち、将来を担う地域の子供達に、「日本人は国際社会に生かされている」ことを理解してもらいたいと願ったためである。

北海道滝川市においては、1995年の青年招へい事業からJICA研修生受入事業を実施し、マラウイ、ブータンを中心に研修生を受け入れている。その中心となっているのは社団法人滝川国際交流協会であるが、マラウイとの関係に限っていえば、2000年から2008年までに9回にわたり27名のマラウイ農業普及員が滝川市を訪れ、逆に調査団を含む農業技術専門家が5回21名、スタディーツアーが4回22名とマラウイを訪問している。その関係から2007年2月6日に滝川マラウイクラブが設立された。滝川マラウイクラブの設立趣旨は、「（本クラブは、）滝川市、（社）滝川国際交流協会、JICA、JICE、日本マラウイ協会等と連携し、マラウイ共和国を主体とした開発途上国への関心を高めると共に、支援・協力を行うことで会員相互の自己研鑽、親睦、交流を図る」ことである。このように、滝川市においては、国際協力に関心のある人たちが独自に仲間作りを実施している。会員それぞれの思いは別々であるが、中心メンバーの間には、マラウイを見ることによって、「人間として大切なことは何か」、「人間は金もうけだけでは片付かない」ということを再考しようとする意識がクラブ会員のなかにあり、国際協力という市民になじみのないものを1人でも多くの市民に理解してもらいたいと考えている。

ＪＩＣＡ研修生受入事業というと「Win-Win の関係」から相手国と日本の地域のそれぞれが利益をえることが求められているような風潮がある。しかし、甲良町北落地区と滝川市マラウイクラブの事例から、国際協力においては、自分の信じる価値観のために「Win」しないことが重要であるという考え方もあることがわかる。

第4章　地域の多様性：長崎県小値賀町の事例から

はじめに

東シナ海に浮かぶ小値賀は離島であるが、歴史的に常に外に開かれた空間であった。島というと外と遮断された空間をイメージしがちであるが、小値賀は多くの遺跡・古墳を有し、古くは遣唐使の寄港地や中世以来の商業交流の基地として近隣諸国との交流・交易の拠点となり、また、近世には捕鯨基地として栄えた歴史もある。したがって、小値賀は外と遮断どころか古くから国際交流が活発であった土地といえよう。

そのような歴史をもつ小値賀町であるが、漁業資源の減少に伴う産業の衰退により、人口の減少（1995年4、238人、2000年3、765人、2005年3、268人、国勢調査より）・高齢化が問題となっている。それに伴い、本土（佐世保市）との合併の可能性も真剣に議論された。しかしながら小値賀町は、市町村合併をせず、自立の道を歩むことを決断した。そのため、島に残った若者たちを中心に多様な地域活動が行われ、外部有識者の視点を取り入れて以前から行われてきた社会教育を発展させて「人材育成塾」が発足し、小値賀らしさを確立できる地域づくりを目指したリーダー育成が進められている。そして町づくりの中心となる考えとして、歴史的背景、文化・風土、自然的・地理的条件を生かした自立の道を模索している。具体的には、地域資源の調査・整理を通して、地産地消を確立し、また、小値賀再生ビジョン（経済活性化策）の策定が進められてきた。

国際協力機構（ＪＩＣＡ）研修員の受け入れもそのような地域づくり、人材育成事業の一環である。ＪＩＣＡ研修の流れをまとめると図表４―１のようになる。

最初は病院、大学による研修の実施を受身的に行ってきた町が、実施機関としてイニシアティブを取ろうとしていることがわかる。これは、政府の補助事業が減るなかで、ＯＤＡを地域おこしに利用するという考え方である。

草の根技術協力事業を用いた小値賀の発展へ

草の根技術協力事業は、日本のＮＧＯ、大学、地方自治体、および公益法人の団体等が

図表４－１　小値賀町におけるJICA研修員受入事業の歴史

年	主な活動
2001年～2006年	国際協力事業団（JICA）の集団研修コース「地域保健指導者コース」 受託機関：医療法人雪ノ聖母会聖マリア病院 「地域振興行政セミナー」 受託機関：エデュケーショナル・サポート・センター
2006年～2008年	国際協力機構（JICA）草の根事業（地域提案型）における「島嶼における自立を目指した（地域資源活用による）人づくり・地域づくり」研修事業 申請主体：長崎県北松浦郡小値賀町 受託機関：長崎ウエスレヤン大学

これまでに培ってきた経験や技術を活かして企画した、途上国への協力活動をＪＩＣＡが支援し、共同で実施する事業である。小値賀町においては、研修事業を途上国への協力活動として捉えるだけでなく、研修生受け入れを通して、別の視点から小値賀の発展について考えることを狙いの１つとしている。このことは、研修事業が継続するのみならず、双方向の関係性が生まれている（一方的な援助ではない、研修事業の副産物が生まれている）ことを意味する。研修事業が一方的な「訪問公害」とならず、途上国と地域の双方が「win-win」の関係をもつことがＪＩＣＡ研修に現在求められているといえる。

開発途上国においては、地域開発は中央政

府の計画にのっとって実施されていることが多く、必ずしも地域住民のニーズに合った開発がなされない場合がある。そのために住民参加による開発を目指すPRA（Participatory Rural Appraisal：参加型村落調査法）やPLA（Participatory Learning and Action：住民主体の学習と行動）を活用した開発の取り組みが模索されている。国際協力事業団（当時）でも、参加型開発の重要性が一部の職員に認識されていたが、日本における研修コースのなかでは、自治体職員による講義やいわゆる先進地と呼ばれる地域の視察しか提供できていなかった。そのことに問題を感じていたJICA九州の担当者が、1999年に実施する地域振興のコースのなかで住民との対話のできる研修についてNGO「地球共育の会・ふくおか」のメンバーである地元大学の教員に相談をもちかけ、地域資源を利用したまちづくりを行っている福岡県の自治体の協力を得て簡単なインタビューやマッピングの研修を試行した。しかしながら、このような研修のファシリテーションをするためには、地域の人たちとの信頼関係の熟成が重要であることが明らかとなり、そのメンバーが長らくまちづくりに関わってきた小値賀町町役場担当者に照会したところ積極的な興味が示されたため2000年以降JICA九州の実施する地域保健および地域振興コースの参加型調査の研修の場所として小値賀町が選定された。当初の小値賀での研修は、すべて内容をファシリテーターである地球共育の会・ふくおか（後に、エデュケーショナル・サポート・センターに名称変更）で設定し、小値賀の役場や住民は場所の提供とインタビューへの参加などでの協力者であった。開発の現場において行われているＲＲＡ（Rapid Rural Appraisal：速成農村調査法）に近いものといえよう。研修では、行政官と住民の出会いを体験するために、実際にまちのなかでの住民との出会いを重視して、インタビュー、地図作り、将来構想作成および発表が行われた。

地域提案型プロジェクトの形成と実施

ＪＩＣＡ研修の受け入れと前後して、小値賀では人材育成事業の関連事業として、「なんでんかんでん探検隊」と呼ばれる地域資源発掘事業が始められた。これは、地元の長崎ウエスレヤン大学の教員や学生とともに、島の人々が各集落や島の特色ある地域を歩き、そのなかで気になるものをすべてデータベース化していく作業である。２年以上にわたって毎月１回程度の町歩きが行われ、毎回町内外から20名前後が参加していた。島の人たちと言っても、実際に歩く集落からみると外部者であることも多く、これらの町内住民であるがそれぞれの集落にとっては外部者である人たちが、本当の外部者である学生や、内部者である住民との微妙な資源認識の違いがあることも記録され、まちおこしの貴重なデータベースとなってきている。データベースはフェリーターミナルで公開され、町民はもちろん、町を訪れる人たちへの情報発信源となっている。この事業には、JICA研修にも関わってきた役場若手職員を含めた多くの住民が自発的、継続的に関わっており、まずは自分たちの地域資源を発見すること、記録することの重要さが少しずつ住民に理解され始めていた。このような背景のなか、小値賀町役場の若手を中心に、単にJICA研修に場所を提供するのではなく、小値賀町が必要とする内容でJICAとパートナーを組む形の研修を実施したいという思いが高まってきた。

2006年6月24日（土）～25日（日）、地球共育の会・ふくおかとJICA九州が主催して、大分県日田市小河内地区において国際協力、参加型開発に興味をもっている21名を対象にPRA研修を実施した。この研修に小値賀町役場の職員2名が参加したことが、同年10月に開催された小値賀町でのPRA研修に大きなインパクトを与えた。研修は、国際的にも評価の高い参加型ファシリテーターであるカマル・フィアル氏を講師として招き、講義を通じて参加型手法や考え方、外部者として地域に関わる姿勢を学ぶこと、また、カマル氏、参加者、そして小河内の住民が、経験や知恵、考え方を交換し合い地域づくりにおける「参加」のあり方を学び合うことで、研修をより深く「参加」について考える場とすることをねらいとしていた。２日間にわたり実施されたプログラムのなかで、ＰＲＡ手法の紹介・体験を行ったが、カマル氏は、外部者がいかに「immersion」（※砂糖が水に溶けると見えなくなるように、住民のなかにとけ込むこと）することが重要であるかということを強調した。このことが、小値賀町の役場職員に一番大きなインパクトを与えていた。自らは住民と十分な関係を築いているつもりでも、住民にとっては役場職員の提案や発言を外部者のものとして受け止めている可能性を役場職員自身が認識したのだ。

このような研修を通し、計画されていたワークショップを、小値賀の住民たちが中心となりよりよい実質的に住民が主体となるものとすべきだというヒントを得て、ＰＲＡ研修における住民参加のワークショップ計画が実施に移された。このワークショップは２００６年９月21日から10月12日までの間、２００６年度ＪＩＣＡ九州の草の根協力技術事業（地域提案型）である「島嶼における自立を目指した（地域資源活用による）人づくり・地域づくり」研修事業の一部として実施された。サモア、フィジー、トンガ、ジャマイカから研修員４名が参加した。なお、２００７年度は10月から11月にかけて実施され、サモア、フィジー、トンガ（事情により早期帰国）から研修生が参加した。２００６年度、

2007年度とも小値賀の属島である大島を中心にPRAが実施された。

大島におけるPRAの実施

① 大島の概要（自立更生の島）

小値賀本島（笛吹）から町営渡船「第三はまゆう」で揺られること10分で大島の港に着く。大島は面積約70ヘクタールの海底火山の噴火によって形成された火山砕屑丘と低位溶岩台地から構成されている。港に着くとすぐ目につくのは「自立更生の碑」である。「大島今昔覚書」によると、大島郷民中大変貧しい2家族を近くの宇々島（現在は無人島）に移し、立ち直らせる自力更生の制度が享保年間より昭和30年代まで行われていた。このことは島嶼研究者として名高い長嶋俊介氏の「島における困窮者救済の社会システム―特に宇々島の事例を中心として―」にも詳しく紹介されている。

港から緩やかな道を上がっていくと、小学校（2008年現在教員3名、児童5名）があり、その傍らに「愛道の碑」がある。これは、15年間の月日をかけ、地域住民が子供達の通学路を改修した工事の記念碑であり、その費用の大部分は地域住民の負担であった。なおも坂を上に登り続けていくと区画整備された耕作地が見えてくる。これは、平成5

年から実施された「大島地区緊急畑地帯総合整備事業（畑総）」によるものである。大島は火山性の肥沃な土壌に恵まれているが、降水量が少ないために干ばつに悩まされることが多かった。そのため県の補助を受けて区画整備が行われ、高齢者の経営面積を縮小したり、不在地主の土地を農業者の手に移したりしてより合理的な経営ができる体制を整えるとともに、中心となる7名の農業者はハウス面積を以前の約8,000㎡から約1万6,000㎡に大幅に増やし、作物選定の幅を広げた。具体的には、夏場のスイカ・メロン・落花生栽培に加えて冬場にはカスミ草・トルコギキョウ・ユリ・エンドウなどが作られている。このような新しい農業を担っているのは、小値賀の他の属島集落と比べて目立つ島に戻ってきた後継世代の若者たちである。このように大島は小値賀本島や他の属島とは異なる独自の発展をしている。

② 大島におけるPRAの成果

PRA研修を実施した大島において、外国人の研修員と住みなれた小さな島を歩き回ったことで、「新しい発見があった」と区長をはじめ、その他の住民、子どもたちが声をそろえて発言している。このように自らの資源に気づき、それをまとめ利用し外部に発信する能力は外部からの刺激なしには発展しない。外部の組織や地域がもつ理念、経験、制度、技術などと交流して情報の相互交流が実現して初めてこのような進展が始まり、これが地域の発展につながる。ＪＩＣＡ研修事業の研修生を受け入れたことが、大島における民泊（農漁業体験を含む民宿経営）の始まりにもつながっているようである。少数のＪＩＣＡ研修生を受け入れたことが、外国人を受け入れることに対する垣根を低くし、その後の島の事業の１つであるＰＴＰ（People To People International, Student Ambassador Program：ピープル　トゥ　ピープル学生大使プログラム）による米国人高校生を受け入れやすくした可能性がある。

フィジーへの専門家派遣と報告会

①　フィジーへの専門家派遣

小値賀で研修を受けた研修員が帰国後自国でどのような活動をしているのかを確認することと小値賀が人材育成の手段として実施しているＰＲＡ手法「なんでんかんでん探検隊」を小値賀との共通性をもつオバウル島レブカに伝えることを目的として、２００８年6月25日（水）～同年7月5日にかけて研修のコースリーダー（長崎ウエスレヤン大学地域づくり学科教授）、地域開発行政担当専門家（小値賀町　行政職員）、住民参加の実践担当専門家（小値賀町　大島地区長：当時）の3人がＪＩＣＡ派遣専門家としてフィジーへ渡った。このことは、ＪＩＣＡ研修の受け入れ手であった大島が、受入れの質の向上を模索するために、研修の派遣元をより深く知り、研修受け入れのアイデアを得ようとする動きであったといえよう。

② 報告会

上記フィジーへの専門家派遣報告会が２００８年7月26日（土）研修員を受け入れた大島にて実施された。同報告会には男性15名（発表者の前地区長を含む）、女性16名が参加した。子供たちも多く居合わせた。同報告会が島民に与えた影響はまだ明らかではないが、このような報告会が数回続けば、人材育成としてのＪＩＣＡ研修受け入れがさらに豊かな実を結ぶであろう。

以上から、ＪＩＣＡ研修における参加型手法の移り変わりは以下のように要約することができる。

・ＲＲＡ手法→ＰＲＡ手法→双方向の学び（人材育成）

図表4－2　利害関係者分析

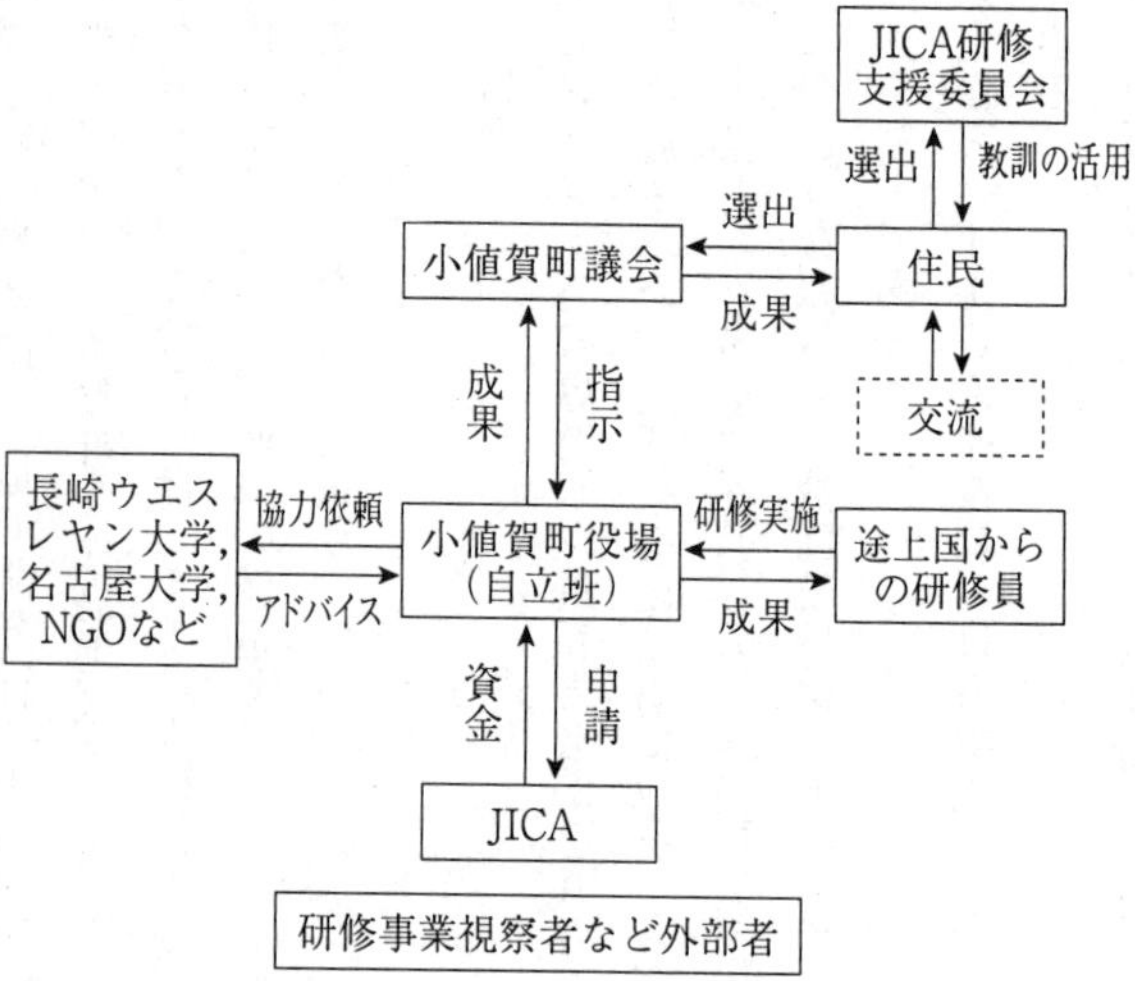

　このような移り変わりを念頭に置いて、研修にさまざまな立場から関わる関係者のＪＩＣＡ研修の位置づけを明らかにしたい。

各利害関係者によるＪＩＣＡ研修の位置づけ

　ＪＩＣＡ研修に関するステークホルダー（利害関係者）の関係は図表4―2のようになっている。

　この図を見ると、日本側関係者は、主に4つに分けることができる。

　これら各関係者のＪＩＣＡ研修の位置づけを明確にしたいと思う。

（1）JICA／一部町役場／ブレーンの位置づけ

JICA担当者、町役場自立推進班、大学・関係NGOなどはJICA研修受け入れ事業を始めた当時から同研修事業に携わっていた人たちであり、前記RRA手法→PRA手法→双方向の学び（人材育成）というJICA研修の参加型手法の発展を自ら体験してきた人たちである。したがって、JICA／一部町役場／ブレーンにとってJICA研修の位置づけは人材育成ということになる。キー・パーソンのF氏によると、JICA研修の大きな目的は社会教育の延長線としての人材育成である。

（2）町議会・町役場・一般住民の位置づけ

町議会・町役場・住民にとってJICA研修事業とは民泊、つまり新たな観光事業の創出との関わりで重要な役割を担っている。民泊とは、一般民家に泊まり、農業や漁業などの体験を売り物にしている宿泊のことである。なお、小値賀の場合、基本コース（体験＋夕食＋早朝体験＋朝食）一泊二食で6、300円である（2008年7月現在）。主産業であった漁業・農業が衰退するなかで、小値賀はエコツーリズムを中心とした体験型・滞在型ツーリズムの振興で地域の自立発展を目指そうとしている。したがって、彼らにとっては、「観光を受け入れる・盛り上げる」→「おぢかにお金が入ってくる」→「おぢかが元気になる」（おぢかアイランドツーリズム協会、広報おぢか新聞：11）という考え方のなかで、世界に小値賀という町をセールスしていく戦略のなかにＪＩＣＡ研修事業は位置づけられていることがうかがわれる。

（3）ＪＩＣＡ研修支援委員会の位置づけ

ＪＩＣＡ研修支援委員会は、前記ＪＩＣＡ／一部町役場／ブレーンの位置づけである人材育成の過程で発生した。メンバーは役場、各種団体の若手を中心とした代表に加えて、自発的に参加している住民もいる。同支援委員会はＪＩＣＡ研修事業の企画・運営・実施の工程に参加することによって、ＪＩＣＡ研修事業の教訓を他の町づくりに応用することができる。

（4）研修事業視察者などの外部者の位置づけ

国際開発学会などの研修事業の視察に訪れる外部者は、小値賀におけるＪＩＣＡ研修事業を地域振興のための成功例として捉えている。具体的には、ＪＩＣＡ研修事業を通し開発途上国と日本の地域の「Win-Win」関係が生じる国際協力の新たな可能性を模索している人たちである。開発学会など有識者が視察に訪れ、地域住民と交流することにより、地域住民の事業に対する関心が高まり、自分たちが行っている事業の理解が深まると思われる。また、外部者と地域住民の交流を通して、新たなネットワーク作りも期待できる。

本章のまとめ

本章においては、小値賀の置かれている現状、ＪＩＣＡ研修事業の移り変わり、そして関係者のＪＩＣＡ事業の位置づけを解釈してきた。外部からの事業が地域振興に携わっている人々に刺激をあたえ、さまざまな地域振興の形を生み出し、その相乗効果によって地域開発というものが自立的に行われているということを説明した。住民が地域資源を外部者である海外からの研修員の指摘により「気づき」、いままで埋もれていた地域資源を表に出すことによって、島全体が建物のないエコミュージアムのようになり、そのことによって観光客などを呼び寄せることができる。そして、研修員と住民がなにげなく存在する「モノ」の価値観を交換することによって、エコミュージアムのフィールドは小値賀から南太平洋にまで広がりをもつ。例えば、小値賀ではこういう意味をもつ「モノ」が、南太平洋のある国ではこのような意味をもち、そしてこのように使われているという会話を「モノ」の説明に一言加えることによって、小値賀のある「モノ」を観光客などの外部者が見たときに、遠く南太平洋をイメージすることとなる。そのためには、JICA研修事業が単に研修員のための研修であるだけでなく、住民の「気づき」を促すものであることを、再度住民自身が認識する必要がある。長年小値賀の人材育成に関わってきた関係者のなかには、小値賀の住民自身が育んできた地域固有の価値ではなく、東京や海外の企業やコンサルタントによって見つけられ、交換価値としての価格をつけられた資源に依存したツーリズム振興を急速に進めることに心配する声もある。その意味でも、JICAのように、直接地域活性化を目指すのではなく、地域活性化を促す人材育成を目的としている事業が継続してきたことをもう一度明確にふりかえることが、島の自立発展につながるのではないだろうか。

小値賀から学べる重要な点がもう1つある。それは、情報発信とネットワーク構築の重要性である。過疎地でありながら自立の道を模索している市町村は多くある。しかしながら、その試行錯誤の交換というものは、あまり行われていない。小値賀町はJICA研修の経験を積極的に発信し、ネットワークを作ってきた。国際開発学会などの外部専門家の役割は、小値賀のように試行錯誤を重ねている町の経験を他の地域と共有させることである。したがって、これからの課題として、経験の交換を促すネットワーク作りの確立が必要であることを指摘しておきたい。

特別寄稿　地域をつなぐ国際協力をプロデュースするＮＧＯ

―当事者として問題や課題を共有し解決や達成に臨む市民参加の取り組みから

はじめに

長崎県小値賀町の取り組みに関わってきたＮＧＯ「地球共育の会・ふくおか」は、２００７年８月に人権・開発・平和等に関する学習支援を行う団体「エデュケーショナル・サポート・センター」となった。その後、２００９年４月には、地域の問題解決に向けて主体的に行動する人材を育成するＮＧＯ「コミュニティコミュニケーション・サポートセンター(Commu)」として、再度新たな一歩を踏み出した。

これは単にＮＧＯの組織形態の変化ではなく、国内で国際協力に取り組むＮＧＯが、地域に寄り添う過程で捉えた地域の問題や課題に対して地域の人々と共に解決に向けて取り組んできた軌跡だといえる。それは、ＮＧＯが国内で活動する意義や地域の人々が参加する新たな国際協力を模索する過程でもあった。

そこで本稿では、まず、地球共育の会・ふくおかが地域と関わってきた歩みのなかで抱いた問題意識と気づきを整理する。つぎに、その気づきに基づき福岡県みやま市との協力で実施したＪＩＣＡ青年研修事業を事例に国内に軸足を置くＮＧＯが地域において果たした役割を描写することで、地域の人々がＮＧＯと共に国際協力に取り組むことによって地域にもたらされる新たな可能性を示したい。最後に、地域の人々が自らの足元の地域で国際協力に参画していってくれることを期待して、筆者が活動を通して得た気づきをまとめとした。

地域に寄り添うことによる変化

（１）地球共育の会・ふくおかとは

地球共育の会・ふくおか（ＧＩＡ）は、参加者同士が共に学びあえる場を提供するために１９９７年に設立された開発教育ＮＧＯである。

開発教育とは、「私たちひとりひとりが、開発をめぐるさまざまな問題を理解し、望ましい開発のあり方を考え、共に生きることのできる公正な地球社会づくりに参加することをねらいとした教育活動」である、と開発教育協会は定義している（開発教育協会ホームページ http://www.dear.or.jp/deQ&A.html）。

開発教育において重要な概念である「開発（development）」には、封じ込められた状態（envelopment）から解き放つ（de-）という意味が含まれている。このことからＧＩＡは、開発とは心理的・社会的・政治的側面においてさまざまな要因で封じ込められた状態から解放されるプロセスのこと、すなわち人が自ら価値があると思うような人生を選択する自由を得るプロセス、だと捉えてきた。その実現は、外からの力によるものではなく、内からの力によるものだと考えている。なぜなら、それは個人の解放に関わるものであり、自らが関わることなくては実現せず、そこには主体性が求められるからである。そのため、ＧＩＡは主体的な関わりとして「参加」を重視し、特に意思決定の場へ参加するための技能と態度を養う教育活動に取り組んできた。

長崎県小値賀町（前出第4章）はじめ国内外の地域における国際協力への取り組みでは、外部者の介入を契機に開発途上国と日本という文化的社会的背景の異なる人々が互いの経験や知恵を交流させ、対話を通して学びあうプロセスが人間開発を促進させることを実感してきた。それはいつしか、地域のエンパワーメントの実現につながると確信しながらも、しかし一方では、NGOとしてどのように日本の地域に関わることが世界の問題の解決につながるのかについて確信をもてないでいた。

（2）地球共育の会・ふくおかの問題意識と気づき

GIAは、世界の問題の解決に向けた行動へつながる学びとは何かを模索するなかで、2005年度に外務省からNGO専門調査員（椿原　2005）を受け入れ調査を進めた。その結果、開発途上国の地域における問題と国内の地域における問題とをつなぐことが世界の問題の解決へ向けた市民の行動を促進するのではないか、との仮説をもった。しかしながら、「問題」は誰がどのように問題だと決めるのか、「つなぐ」とは誰がどのように何と何をつなぐのか、さらなる疑問がわいてきた。

この問題意識に気づきをもたらしてくれたのが、2006年3月にカンボジアで17人の高校生と共に取り組んだ自らの地域の開発を考える3日間のワークショップであった。そこでの経験によって、国際協力とは地域社会にある問題を外部者が決め地域社会の人々が与えられた問題を解決するプロセスではない、ということを改めて確認することができた。この経験により、GIAが考える国際協力とは、地域社会の人々自らが問題設定を繰り返して理想のくらしやこうありたいと願う社会を求めていく創造のプロセスを促進すること、だと導き出した。そこでのＧＩＡの役割は、人々が自分たちの願うより良い生活を営むために、社会的・経済的・政治的・文化的に自己決定権を獲得するプロセスを促進することだと考えるに至った。

さらに、まずは地域の人々が願う姿を明らかにすることが欠かせないこと、そしてその姿は「あなたの大切なものは何ですか？」と問いかけることによって浮き彫りにできることを、ＧＩＡはカンボジアの人々から学んだ。この問いかけは、問題の解決に向けて外部者と地域の人々が互いに学びあうことを通して自らが置かれている状況を省察し、自らの存在条件と客観的問題について把握し、状況改善のために創造的活動を主体的に行いえるまでのプロセスを生みだす、いわば参加を促すしかけである。それはすなわち、地域の人々が自分自身や自分たちの願う地域や幸せのあり方について、価値を意識化するプロセスへの参加を促すことである。また、地域にとって外部者であるＧＩＡは、外部者であるがゆえに地域の人々とは異なる物事の捉え方ができ、それが人々にとっては開発のための１つの資源となりうるというＧＩＡの地域への関わり方が、このプロセスを促進するのだと学んだ。

このように、ＧＩＡは、自らが考える国際協力や問題解決のあるべき姿に基づいて活動してきたのではなく、地域の人々と共に考え、共に学びあい、より良い方向を模索するプロセスのなかで変化しながら活動してきた。これが、ＧＩＡの考える地域に寄り添うということである。

地域に寄り添うという視点から開発を捉えていくことによって、開発する側とされる側という発想ではなく、開発は相互に学びあうプロセスにおいて促進されるという発想への転換が起こった。ＧＩＡはこの気づきを得たことによって、２００７年8月自らの足元である地域において共に学びあうことによって人々が価値を意識化し問題を認識することを支援するＮＧＯ「エデュケーショナル・サポート・センター（Ｅｄｕ）」として新たな一歩を踏み出した。

地域をつなぐ国際協力の意義—共通性と異質性が生みだすもの

ここでは、Ｅｄｕが用いてきた意識化を目的とした相互学習アプローチとはどのような方法なのか、そこで何が生みだされるのかについて考え、国内に軸足を置き活動するＮＧＯが取り組む地域をつなぐ国際協力の意義を探りたい。

本稿における「地域」とは、行政区や学校区のような社会空間としての地域ではなく、生活者が問題を認識し解決を図る、または課題を達成する上での具体性をもちうる場と捉えている。山西優二は、地域を「特定の問題解決や課題達成に向けて住民の共同性に基づき形成される生活空間」と位置づけている。さらに、「変革すべき課題に即して決まるのであり、その意味で地域の範囲は『伸縮自在』」だと指摘している。

この認識は、Eduが抱えていた「NGOとしてどのように日本の地域に関わることが世界の問題の解決につながるのか」という疑問に、示唆を与えるものであった。すなわち、開発途上国と日本において人々が認識している問題や課題の共通性が肝要であること、この共通の問題や課題が人々の「地域」の認識を広げ国境を超えて地域と地域がつながる出発点になり得るということである。

このことから、日本の地域において取り組む国際協力は、〝おなじ〟と〝ちがい〟が大きな鍵となると考えた。〝おなじ〟とは、共通の問題や課題を指し、人と人とのつながりを生みだすものである。〝ちがい〟とは、外部者という文化的社会的背景が異なる人々がもつ異なるものの見方や利害のない関係からの発想を指し、地域に豊かさを生みだすものである。Eduは、この〝おなじ（共通性）〟と〝ちがい（異質性）〟を地域の人々と共有し、開発途上国の人々と地域の人々が互いの経験や知恵を学びあい、共通の問題の解決や課題の達成に向けて主体的に行動するプロセスを促進する。これが、意識化を目的とした相互学習アプローチである。

しかし、意識化は強制的にできるものではなく、その人自身に内在する力が欠かせない。Ｅｄｕの役割は、地域の人々に内在する力といういわば潜在力をもつ土壌に、価値の意識化が起こる可能性という多種多様の種をまき、その種が芽吹き成長するようにさまざまな働きかけを行うことである。成長を促す恵みの雨の役割は「問いかけること」であり、太陽の光は「励ますことや肯定すること」である。種が芽吹き花を咲かせ実をつけるためには、土壌をより豊かにする肥料と、花粉を媒介する風が欠かせない。この肥料とは、相互学習を促す「当事者としての共通の問題や課題」であり、風は意識化を促す「外部者の存在」である。外部者という風が媒介していった花粉は、外部者が暮らす自らの地域にも届けられる。そこでも同様に、異なる花と交わり合い、やがて新しい種類の花を咲かせる。

Ｅｄｕは、このような働きかけをファシリテーションと捉え、メンバーはファシリテーターとしてその役割を果たしてきた。このプロセスは、日本でも開発途上国でも基本的には変わらない。このアプローチは、人々が自身の価値を内省することで自らが願う地域社会のあり方を明らかにし、共通性と異質性によって互いの地域により良い方向へ向けた変化を生みだすことができる双方向の協力のプロセスである。意識化を目的としているため新しい価値が生まれる可能性が高く、新しい価値は地域に変化を生みだす。これが地域をつなぐ国際協力の意義なのだと考えている。

当事者として問題を共有し解決に臨む過程の促進―可能性という多種多様の種をまく

（1）国内中心に活動するNGOの地域へのアプローチ

国際協力は、問題解決のための直接的な取り組みか、問題を広く日本の人々に知ってもらい問題解決のための参加を促すという取り組みの大きく2つに整理できる。Eduの取り組みは後者であり、特に参加を促すということを重視している。しかしながら、国際協力への参加は一部の人々の取り組みとの認識がいまだに強い現状がある。

このような現状への働きかけとして、Eduは4つの方法をとっている。第一に、地域の既存スキームを活用すること。第二に、地域のニーズを反映したワークショップ・プログラムを企画し実施すること。第三に、地域の委員会に参加し政策レベルへの働きかけを行うこと。第四に、新たな協働のあり方に関する提案をすること、である。この観点から政府開発援助の事業を捉えなおしてみると、JICAの実施する研修事業は、Eduが重視している意識化を目的とした相互学習アプローチをとりやすく、その結果、地域が受ける効果も大きい可能性も高い。また、地域の人々は途上国の抱える課題を知る契機となり、研修受入のプロセスにおいて問題の解決に向けて行動できる姿勢・技能・知識を育む機会ともなるものである。

とくに青年研修事業は、企画提案型であるため、コース目標の設定ならびに受入地域や講師等の選定まで実施団体で行うことができる。そのため、NGOの理念や優位性、地域の特性を十分に活かすことができ、開発途上国と日本の地域の双方に裨益する地域をつなぐ国際協力として大きな可能性を秘めている事業だといえる。このことから、Eduは、青年研修を双方に裨益する日本の地域で取り組む国際協力として位置づけ、2007年度より取り組んできた。

（2）JICA青年研修事業の概要

ここでは、JICA青年研修事業を例に、開発途上国と地域の人々の共通の問題や課題を

青年研修における研修員の発表の様子

つなぐ、とは具体的にどのようなプロセスを経るのか考えていきたい。

青年研修事業は、開発途上国の若者を日本に招き、将来の国づくりを担う人材を育てることを目的とした事業であり、日本が開発途上国を対象に実施する技術協力の一環としてＪＩＣＡが実施している。開発途上国の若者は、18日間日本に滞在し、各専門分野の知識・技術を向上させる研修を受ける。研修分野は行政、教育、農業、社会福祉、経済、保健医療、環境および情報通信など多岐にわたるものである。

Ｅｄｕは、２００８年度青年研修事業カンボジア国教育分野「理数科コース」「初等教育コース」の2コースをＪＩＣＡから受託し実施した。各コースは、福岡県教育センターや福岡教育大学等の教育機関や施設、また多数の教育関係者の協力を得て実施したが、ここでは地域に焦点をあて、図表特―1のとおり研修受入の主な地域と概要を整理した。

研修事業受入地域が二丈町とみやま市となった経緯は、2007年度青年研修事業カンボジア国教育分野理数科コースに端を発する。コース実施にあたって、カリキュラム作成段階で多くの教育関係者に協力を仰いだ。この時は、Eduに共感して協力を申し出てくださった方と、Eduに共感した方が自身のネットワークに呼びかけそれに応じて協力してくださった方とがいた。参加を促すという視点からは、後者のパターンをどのように広げていくのか、ということがEduの課題であった。

そこで、2008年度のカリキュラム作成にあたっては、後者のパターンでキー・パーソンの役割を果たしてくださった方々に、「地域」として受け入れていただけないかと相談をした。その結果、理数科コースは福岡県糸島郡二丈町立二丈中学校・深江小学校で4日間、初等教育コースは福岡県みやま市で8日間の受入協力を得られることとなった。この2コースの違いは、前者は学校単位での受け入れでキー・パーソンは学校長であり教員であったこと、後者は地域単位での受け入れでキー・パーソンは地域活動指導員であったことだ。

本稿のテーマは、地域をつなぐ国際協力である。したがって、地域単位での受け入れが

図表特－1　青年研修事業2コースの特色

青年研修事業	カンボジア国教育分野理数科コース	カンボジア国教育分野初等教育コース
コース目標	研修員が，「児童生徒が学ぶ意欲を高める授業」を実践するための学習指導案を作成することができるようになる。	
主な受入地域	福岡県糸島郡二丈町　4日間	福岡県みやま市　8日間
人口	13,421人	42,533人
教育特色	環境教育，食育	地域との連携，人間関係の醸成，コミュニケーション学習，英語活動，表現学習
受入のキーパーソン	二丈町立二丈中学校校長 二丈町立二丈中学校教員（*）	教育委員会生涯学習課地域活動指導員 みやま市立南小学校　校長（*）
（*）の教育者としての問題意識	「学びを奪われている」 学ぶ意欲はあるのに学ぶ環境が奪われている。学ぶ環境があるのに学ぶ意欲を奪われている。	「どんな環境に生まれても同じ教育を受けることができること」 教師として，どの国の子どもにも同じように生きる力をつけてやりたい。

出所：インタビューにより筆者が作成（統計データは平成21年3月末現在）。

実現した初等教育コースに焦点を当て、研修実施過程を整理していく。

初等教育コースの参加者は、カンボジアの小学校教員、教員養成校指導教員、教育・青少年・スポーツ省職員、外務国際協力省職員、JICAカンボジア事務所職員の19名であった。コースの達成目標は、「研修員が、『児童生徒が学ぶ意欲を高める授業』を実践するための学習指導案を作成することができるようになる」ことであった。

コース目標の設定にあたって、カンボジア国の基礎教育分野における重点課題である「教育の質の向上」において青年研修対象者が抱える課題をEduが現地で調査した結果、「教えること（内容）」と「教え方（方法）」が一致していないことが明らかになった。これは、学習指導案でいえば、「指導の立場」「本時の主眼」が明確でないこと、「本時の展開」における学習活動と主な支援が一致していないことである。したがって、単元目標から授業計画をたてていくこと、つまり目標から活動を展開できる考え方を研修員が身につけることが課題解決に有効だと導き出した。その代替指標としてコース目標を設定し、目標達成のために期待される成果を3つのステップに分け、成果達成のために必要な研修項目を配置した。初等教育コースの概要は、図表特―2のとおりである。

ステップ3では研修成果を把握するために、学習指導案作成、模擬授業実践、学習指導

図表特－2　JICA青年研修事業カンボジア国教育分野初等教育コースシラバスを基に筆者が作成

目標	期待される成果	研修項目
『児童生徒が学ぶ意欲を高める授業』を実践するための学習指導案を作成することができるようになる	ステップ1 成果達成を促進する環境（関係性，基礎理解）が整う。	〔プログラム・オリエンテーション〕
		〔カントリーレポート／ジョブレポート〕 〔ワークショップ〕原点をふりかえる
		〔模擬授業実践〕研修員の指導における課題の抽出
	ステップ2 1．学ぼうとする気持ちを支える要素を理解する。 2．意欲的な学習行動を引き起こす要素を理解する。 3．肯定的な感情として強化する要素を理解する。 4．学ぶ意欲を高める授業づくりで大切な視点を理解する。 5．指導計画・学習指導案について知識と技能を得る。 6．好ましい人間関係の醸成（心の教育の充実・コミュニケーション力の育成・基礎基本の徹底）について理解する。	〔講義〕 初等教育および教員養成制度概要，授業設計，発問について，子どもの人権意識を高めるために，児童生徒が学ぶ意欲を高める教材・指導・評価
		〔視察：役割や機能の理解〕 みやま市立南小学校，みやま市南校区地域子ども広場，福岡教育大学，福岡県教育センター
		〔実習：学校生活の見学〕 あいさつ運動，健康観察・朝の会，読み聞かせ，給食指導，授業参観，家庭教育学級
		〔実習：授業の見学，ふりかえり〕 各教科，表現集会，英語活動，ボランティア体験みかん狩り，造形活動フラワーアレンジメント
		〔実習：教師の工夫〕 みやま市教育研究会，日本の教師による模擬授業
		〔実習：スキルアップ・ワークショップ〕 人間関係づくり，レクリエーション
	ステップ3 成果の達成度合いを把握する。	〔実習：スキルアップ・ワークショップ〕 学習指導案作成，模擬授業実践，学習指導案改善
		〔研修成果の発表〕KPT（良かったこと・悪かったこと・次回挑戦すること）分析

案改善に取り組んだ。研修員が、地理、国語、社会、算数、理科のグループに分かれ、「児童生徒が学ぶ意欲を高める授業」を実践するための学習指導案を作成し、その学習指導案に基づき模擬授業を実践した。研修員の模擬授業では、すべてのグループが「めあて」を明確にして、「めあて」から授業を構成し、板書も授業の流れもまとめもすべて日本の教員と同様に行っていた。また、「めあて」という言葉を日本語で理解し、最も重要なことだと発言した研修員もおり、日本の指導方法がしっかりと身についている様子がうかがえた。

コメンテーターを務めた研修受入校であるみやま市立南小学校長の「カンボジアで今日みたいに地理の授業をしていましたか?」との質問に、研修員は「これはカンボジア式ではありません」と答えた。「めあて」を明らかにし、発問をし、個人で考える時間を与え、グループで考えをシェアし、「めあて」にそったまとめをする日本式の指導方法は、児童生徒の理解に大きく貢献するものとしてカンボジアでも取り入れる価値のあるものだと研修員が実感していることがうかがえた。コース目標の真のねらいは「目標から活動を展開できる考え方を身につけること」であり、模擬授業からコース目標の真のねらいが十分に達成できていることが明らかになった。

図表特－3　子どもの生きる力が身につく教育

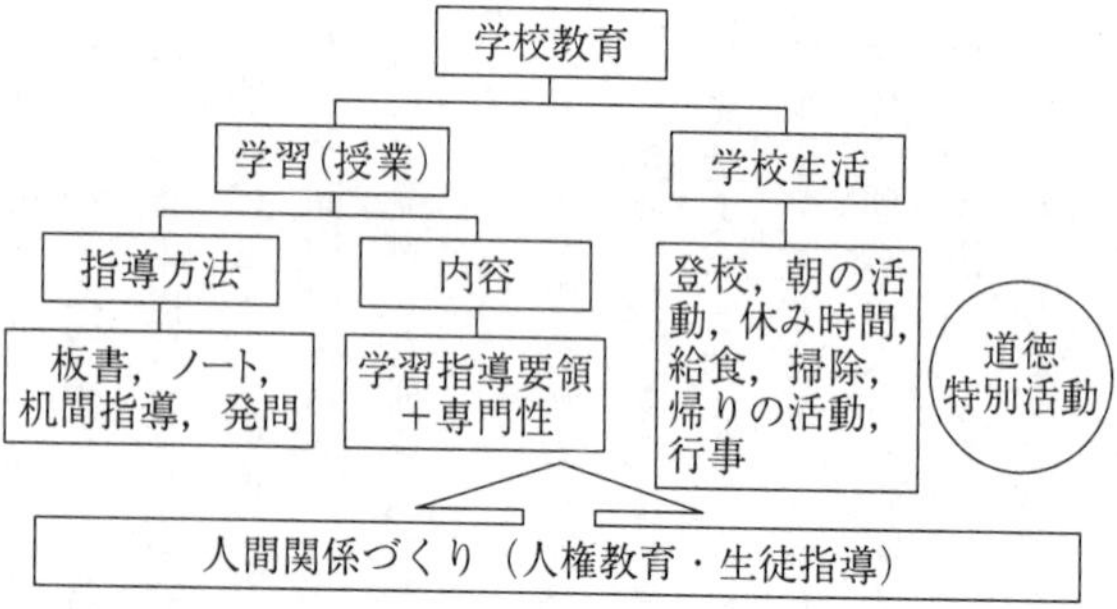

出所：福岡県みやま市立南小学校 校長作成。

本研修のキー・パーソンのみやま市立南小学校長は、「教師として、どの国の子どもにも同じように生きる力をつけてやりたい」という想いをもっていた。次のページの図表特―3を見てほしい。子どもが生きる力を身につけるためには、図に示されているすべての要素が欠かせない。したがって、校長は、教科教育だけを視察する研修では不十分であるとの信念をもっていた。この信念により構成された研修カリキュラムによって、研修員は、コース目標の達成はもちろんのこと、児童生徒が学ぶ意欲を高める授業を実践する土台となる「好ましい人間関係の醸成」について多くを学んだと発言している。

特に、毎朝、校長はじめ教員と地域の人々が校門のところで行う「あいさつ運動」は、研修員が課題として挙げていた地域や保護者との協力において、大変有

図表特－4　JICA青年研修事業カンボジア国教育分野初等教育コース実施関係団体相関図

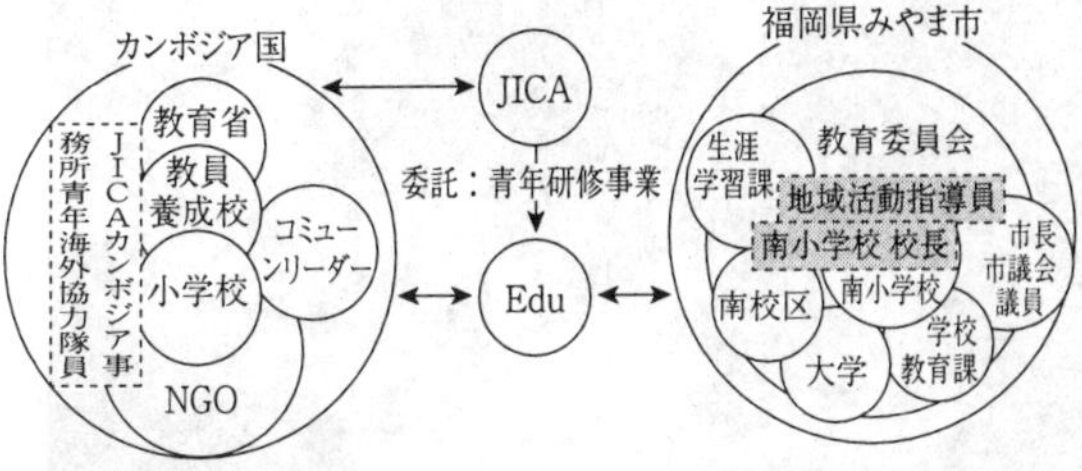

効な取り組みだと研修員は語った。この取り組みは、福岡県においても「地域との連携のグッドプラクティス」として扱われており、「地域や保護者との連携」は、カンボジアと日本に共通する課題（ニーズ）である。このように、「子どもの生きる力を育てる」という教育者としての想いで教育を捉えていくことによって、共通の課題が見えてくる。このような共通の課題の解決に、開発途上国と日本の人々が互いの経験や知恵を交流させ協力して取り組むことが、Ｅｄｕのめざす国際協力のあり方である。

（３）キー・パーソンの特徴と当事者性

ここで、図表特―4をご覧いただきたい。初等教育コースの実施には、2人のキー・パーソンがいる。1人目のキー・パーソンは、地域活動指導員である。特徴は、ＪＩＣＡ・Ｅｄｕ・地域（みやま市）をよく知っていて、学習による地

「めあて」について討論をする研修員と学校関係者

域づくりを軸とした幅の広い人的ネットワークを有しているということだ。青年海外協力隊の経験者だということもあるが、地域において JICAやNGOのプログラムをよく実践していたことから、Eduが重視している共通性と異質性が生みだすものを実感しており、研修事業を自らの地域づくりに活かしたいとの想いが動機へとつながっている。

2人目のキー・パーソンは、ブレーンでもあり研修講師も兼ねたみやま市立南小学校長だ。地域活動指導員が学校関係者に研修受入の呼びかけをした際に、協力しようと手を挙げた理由を尋ねると、「個人としての興味関心からスタートした。国際理解教育等に取り組んできたが、日本からしか世界をとらえていないことや

毎朝地域の人も参加して行われる「あいさつ運動」

自分がもっている情報が少ないことが教育者として中途半端に思えた。だから、カンボジアの先生たちと話したりすることで、知識を得たいと思った。」と校長は語ってくれた。この発言からは、校長が内省している様子がうかがえ、さらに教育者としての自分の現状を意識化していたといえる。当事者としてのニーズが明確になっているのは、研修受入の視点が個人であるためだと考えられる。

また、「個人としての関心がなくても、校長という立場から受け入れた。」とも語った。理由を尋ねると、「信頼関係のある地域活動指導員からの依頼であったことと、子どもが視野を広げる機会となると考えたこと。」だと答えた。この発言は、大変示唆に富んでいる。キー・

パーソンとの信頼関係があり、受け入れの成果が明確であれば、研修受入はそう難しいことではないことがわかる。しかし、個人として当事者のニーズがある場合と、職業的役割や立場として受け入れる場合とでは、意図しない成果が生まれる可能性は大きく異なる。

職業的役割や立場として受け入れる場合、そこには「当事者性」があまり感じられない。つまり、開発する側・される側と同様に、協力する側してもらう側という構図のままであり、この事例で言えば、カンボジアの人々は日本の人々に教えられる側だということになる。この構図は、Eduの考える国際協力のあり方とは異なる。

なぜ、そこに「当事者性」が必要なのか。世界で起きている問題は、私たち1人ひとりと無関係ではなくつながっているが、そのつながりは複雑で見えにくいために、私たちは当事者性を感じにくく、世界の問題を自分たちの問題として捉えることが難しい。Eduは、価値を意識化するプロセスへの参加を重視しており、それは「当事者性」を強く意識することでもあると考えている。

事例のような研修事業は、研修の目的を達成することが第一義的には重要である。しかしながら、EduのようなNGOが関わることで、地域の人々の国際協力への参加が促進され、その参加のプロセスにおいて地域の人々の当事者性が意識化されることこそ、研修や技術協力にとどまらない国際協力につながり、大変意義のあることなのだ。

（4）コース・カリキュラム形成の過程

Ｅｄｕは、このコース実施にあたって、校長はじめ関係者と今まで実施してきた研修事業の3倍のコミュニケーションをとった。地方では、国際協力に関する情報が充分にはない現状がある。その状況で、「カンボジアの先生の能力向上が必要」といわれても、なぜ協力しなくてはならないのか、一方では、能力を向上させるなんて、という反応があるのがあたりまえだ。問題意識をもつことや情報を得る機会のなかった人々、当事者性を意識化していない人々に、共感どころか理解してもらうことすら難しいのが現実だ。

しかし、何度も何度も「カンボジアの先生は…」「カンボジアの子どもたちは…」「カンボジアの学校は…」と言われると、「カンボジア」が脳にインプットされる。その時に、話を聴く側の問題意識や課題と重なる部分があれば、そこにひっかかりが生まれる。その後に校長は、「洗脳されたようなものだよね」と言った。ただし、このようなアプローチは、校長がすでに自身とカンボジアとの接点を意識化し、自身の課題を認識していたからこそ、有効だったのだと考えている。もし、スタートが個人の視点ではなく校長という立場からの視点であったなら、「あなたの大切なものは何ですか？」と問いかけ、価値を意識化することから始める必要があっただろう。

実際には、受入準備の段階において、受入側が自身の価値や課題を意識化していることは少ない。この自身の価値や課題を意識化する段階が最も難しく、多くの場合は、研修受入を数回体験し、その過程で意識化が起こっていくというプロセスを経る。

校長は、「好ましい人間関係の醸成（心の教育の充実・コミュニケーション力の育成・基礎基本の徹底）」を教育目標として掲げ教育に取り組んできていた。Ｅｄｕが取り組んできた教育活動と重なり、Ｅｄｕは校長に共感した。ここで、校長の当事者性とＥｄｕの当事者性が響き合った。校長とＥｄｕの関係が生まれ、共に取り組むスタート地点に立った。

しばらくして校長は、「長年の教育者としての自身のあり方・技能・知識が普遍性のあるものなのか」ということを考えていると話してくださった。校長は、国は異なっても同じ教育者であるカンボジアの先生たちと向き合うことで、自身のちょっとした心のひっかかりに何らかの答えが見つかるかもしれないと考えたのだろう。

打合せを重ねるとともに、校長はしきりに「カンボジアはどうなの？」と質問をくりか

図表特－5　Eduの考える意識化を目的とした相互学習のプロセス

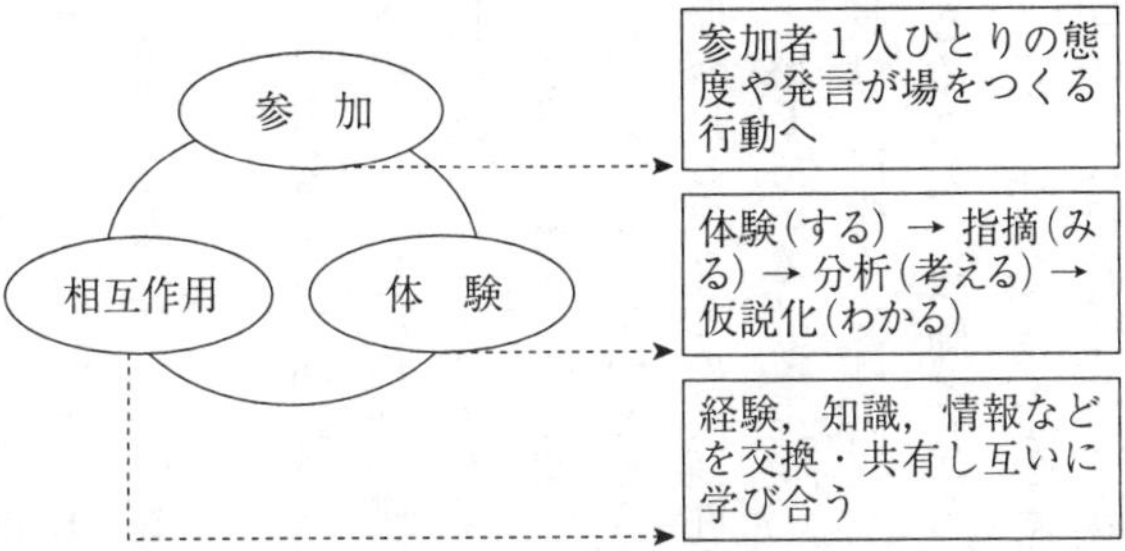
参加
相互作用
体験
参加者１人ひとりの態度や発言が場をつくる行動へ
体験(する) → 指摘(みる) → 分析(考える) → 仮説化(わかる)
経験，知識，情報などを交換・共有し互いに学び合う

えすようになっていった。それは、カンボジアの現状から研修内容をつくっていくという視点への変化であり、校長が国際協力へ参加していく過程であった。参加を促す役割を担うＥｄｕの工夫は、9月に実施した理数科コースにおける意見交換において、校長にリソースパーソンになっていただいたことだ。校長はここで、カンボジアの状況をイメージから具体化することができ、自身が力を発揮できる実感をもったと考えられる。図表特―5を見てほしい。参加を促すとは、図のサイクルをらせん状に重ねていく機会を提供していくことである。このサイクルで自己効力感を感じることで、次の参加のサイクルへとつながっていく。

校長は、教育者として日本の教育方法を研修員に教えるという発想から、教育者としての経験を共有するという発想へと転換していった。教える側・教えられる側という関わりをする人もいれば、Ｅｄｕが重視する共に学びあうという関わり方をする人もいる。だからこそ、Ｅｄｕはすべてのプロセスで、意識化を目的とした相互学習的アプローチをとることで、共に学びあうことの意義を実感する機会を提供することを大切にしている。

（５）当事者として問題を共有し解決に臨む過程

研修のコース目標は、「研修員が、児童生徒が学ぶ意欲を高める授業を実践するための学習指導案を作成することができるようになること」であり、十分に達成できた。その他にも、予期せぬ多くの成果や効果が生まれた。その要因は、受入地域のみやま市長はじめ教育長、文教委員をつとめる市議会議員、南小学校校長や教員、地域の人々が、カンボジアの研修員と自身との共通性をみつけた、つまり研修を通して当事者性をもつに至ったことだと感じている。

校長は、研修を受け入れた理由には、「どんな環境に生まれても同じ教育を受けることができること。教師として、どの国の子どもにも同じように生きる力をつけてやりたい。」という想いがあったことを、研修が開始してから明かしてくれた。その想いは、研修プログラムのすべてに浸透していた。そのような校長の教育者としての姿勢は、研修員の心を打つものであった。研修員は、校長を尊敬し、校長のすべてを学ぼうとしていた。また、研修の閉講式で研修員が研修のお礼として詠んだ詩の一節からは、まさに、校長の想いが研修員と一致していたことがうかがえた。

後に校長は、「個人として質をあげたいと思った。それは、教育者としてはもちろん学校経営者としての質があがるということであり、学校の質があがるということだからだ。それは、南小学校の子どもたちにとって、より良い教育ができるということにつながるからだ。」と述べている。校長がもともと、開発途上国の人々と共に学びあうということに価値を見出していたか、カンボジアの教員との関わりを経て価値を見出したのかは定かではない。しかし、この発言からは、研修を受け入れることによる意義を見出し実感していることがよみとれる。

また、「日常化していたあたりまえのことの素晴らしさを再確認した。」とも校長は語った。それは、「あいさつ運動や地域との連携」「英語教育や表現学習」など、校長が6年間この学校で取り組み続け県から表彰されるなど、多くの場ですでに実績が認められていた取り組みであった。校長の教育者としての信念によって、さまざまな困難を乗り越えてあたりまえのこととなった取り組みを、研修員は自身の国で最も取り組みたいことだと言い、自身の課題を解決することにつながることだと語った。

このような、みやま市南校区の人々のなかではあたりまえになっていた学校と地域の連携の素晴らしさを、研修員から再評価されたことは、みやま市の人々が自身の地域の価値を再認識することにつながった

「当事者」という視点で地域を見つめた時に、あらゆる問題において当事者は必ず存在する。校長はＥｄｕと出会う前から、教育者としての自身のあり方を自身で問うていた。Ｅｄｕが関わらなくても、そこに当事者性があった。校長の幼少期からの歴史を聴いて、「当事者性」は常にそこにあったのだと確信した。本事例では、Ｅｄｕは地域の外部者として、校長の当事者としての意識を研修員の当事者としての意識と出会わせた。この当事者としての意識の出会いが、カンボジアとみやま市という地域をつなぎ、問題の解決への一歩となったのだと考えている。

(6) 可能性という多種多様の種をまく

この事例の特徴としては、研修受入窓口を教育委員会の生涯学習課が担ってくださったことが挙げられる。初等教育コースであることやコースの達成目標を考えると、学校教育

課に協力をお願いすることが妥当であり、地域活動指導員を介して依頼することも可能であった。ここで、Ｅｄｕが考えたことは、土壌は広いほうが可能性は大きいということだ。Ｅｄｕがとっている意識化を目的とした相互学習アプローチは、意図したことは大筋達成できるが、実は意図しないことが起こる可能性も同じくらいに高い。それは、予期せぬ出来事が起こる可能性をより高めるために、可能性という多種多様な種をまくという工夫を積み重ねているからだ。学校教育課ではなく生涯学習課にアプローチしたことも、可能性を広げる工夫である。なぜなら、生涯学習課は、学校をも含めた地域全体との関わりをもっており、予期せぬことが起こる可能性が高いといえる。そして、予期せぬ出来事が負の面で現れた時に対応できるような人物との信頼関係を、日ごろから培ってきている組織であるからだ。

地域の暮らしに寄り添い地域の人々の意思を尊重した国際協力を行っていくためには、まず、地域の人々の経験とそれまでの事業実施や開発過程に目を向け、現在ある課題との因果関係に注目しながら、地域社会が抱えてきた問題や、実現した人々の努力に耳を傾けることが肝要だとＥｄｕは考えている。そのためには、地域の人々自身が自覚している一方的な語りだけでは不十分であり、外部者であるＥｄｕにはファシリテーターとしての機能と関連情報のつながりを読み解く分析力が求められる。Ｅｄｕは外部者であるがゆえに、地域社会の人々とは異なる物事の捉え方ができ、それが地域社会にとっては発展のための1つの資源となりうるという関わり方がこのプロセスを促進する。共通の問題解決というビジョンのもとに、多様な人々の力を合わせ、新しい何かを創りだし、現状が変わる。〝おなじ〟と〝ちがい〟によって現状に変化を生みだす。これが地域をつなぐ国際協力をプロデュースするＮＧＯの役割であり関わり方なのである。

プロデュースするＮＧＯは、可能性をちりばめることしかできないといえる。だからこそ、入念に丁寧に目標の共有化をはかり綿密な計画をたてる。本事例では、みやま市という豊かな土壌に、研修項目として〝可能性という種〟を、Ｅｄｕはキー・パーソン2人と共にまいた。そして、その種が芽吹くようにファシリテーションという方法で、恵みの雨としての問いかけを繰り返し、太陽のように人々の素晴らしさを照らし、種が芽吹き花を咲かせた頃に、研修員という風が現れ、花粉を媒介していった。18日間の研修の最終日に起こったことは、豊かな実をつけたことだといえるだろう。

トヨタ自動車社会貢献推進部社会貢献推進室の鈴木盈宏氏は、「人を動かす」のではなく「人の心を動かす」ことが大切だと言っている。私たちは、国際協力の場でとかく人を動かすことに注力してしまっているのではないか、この言葉を聞いてそんな想いをもった。本事例においてＥｄｕは校長はじめみやま市の人々やカンボジアの研修員から、プロデュースするとは、〝人の心が動く可能性を秘めた種〟をまき、育むことなのだと学んだ。

ＮＧＯが地域に寄り添うことの意義―変化へのきざし

〝可能性という種〟は、確かに芽吹いた。1つは、研修受入を契機に南小学校5年生が総合学習でカンボジアや国際協力について調べ、授業参観の場を通して地域の人々に発表したことだ。それによって、地域の人々のカンボジアへの関心が高まった。また、家庭教育学級という取り組みのなかで、地域の保健医療経営大学学長が、「国と国との助けあい」をテーマに講演した。そこで、カンボジアの歴史と同様に、日本も戦国時代に内戦を繰り返し、平家の人々が筑後にのがれてきたこと、日本の復興と平和を願って地域づくりに取り組んできた筑後地域の歴史を人々に話した。自らの地域の歴史を初めて知った人も多く、そこに参加していたみやま市議会議員は、同様の歴史をもち戦後の復興に教育の側面から取り組んでいる研修員に共感し、心を寄せた。研修の最終日に市議会議員は、平家の人々が復興と平和への願いをこめて制作したという由来をもつ伝統工芸品きじ車を研修員へ贈り、負の共通点をもった地域同士互いに平和を築いていこうというメッセージを伝えた。みやま市とカンボジアの文化や伝統や歴史が交錯し、共に生きていこうという想い、新たな価値を生んだ瞬間であった。

その想いに応えるように、研修員が、研修への感謝の気持ちをこめた詩をつくったので、みやま市とＥｄｕに贈りたいと言った。その詩の一部を紹介する。

「(略) みやまの子どもたちは素晴らしい教育を受けられる　学習指導要領は(カンボジアと) 同じようだが学習内容のレベルが違っており　みやまの学生は頭脳明晰で元気が良くて有能だ　私たちの生徒は高い教育をうけることができない　カンボジアにいる生徒たちがかわいそうに思えた　帰国したら責任重大　学んだことを指導計画に盛り込んで実践し成果が得られるように　思い出が数え切れないほど沢山　ニコニコの笑顔は優しさを与えてくれた　(略)　帰国してもまた再会したいと願っている」

その場にいた誰もが、涙を浮かべた。カンボジアで必要とされていること、その地の人々の想いに、その場にいた誰もが共感し感銘をうけた。この場に参加した人々の間に、カンボジアとみやまの子どもたちに素晴らしい教育を与えたいという共通の想いが生まれた。人と人がつながる瞬間であった。

このように、互いが経験や知恵や想いを交流させることで、関係した人々自らが新たな想いをもち、必要な行動をしていく。このプロセスこそが地域の課題解決につながっていくのだということを実感した。みやま市教育長は、「本当にいい取り組みだと思うし、みやまではこういう活動をしていかないといけない。来年もぜひ、受け入れたいと思う。みやまの人たちにもきちんと伝えていきたい。」と話してくださった。そして、受け入れに向けての準備も始まった。変化のきざしを感じた。

地域をつなぐ国際協力とは、人と人との関係や、人と社会の関係を紡ぎなおすものなのだ。そして、1人ひとりの気づきが想いとなり、想いを実現するために共に協力するという行動につながっていく。研修員という風が媒介していった花粉は、カンボジアまで運ばれている。カンボジアの異なる品種と交わり合い、新しい花をひらくことを願っている。その花は、研修員が詩で詠んだカンボジアの子どもたちに実りをもたらすものであってほしい。

おわりに―私が〝気づく〟ことから、共に〝築く〟ことへ

GIAからEduへ、そしてCommuへの変化の過程で、私たちは自分自身に「大切な

ものは何ですか?」そう問いかけてきた。NGOという組織ではなく、その組織を構成するメンバー1人ひとりが、自らの足元である地域づくりに取り組む過程で考えたことや感じたことを、他の国や地域に置き換えて捉えなおした。そして、おかしいなと思うこと、解決したいと思う問題がみえてきた。その問題の先には、同じように問題を抱える世界の人々がいる。だからこそ、国境を越えて私たちは問題の解決に取り組むのだ。

NGOだから国際協力に取り組むのではなく、1人ひとりの問題への気づきが行動へとつながり、同じ想いをもった仲間がつながりNGOという組織になる。問題の解決に向けて行動する1人ひとりが国境を越えてつながり、共に知恵や力を出し合ったとき、それが国際協力になる。国内における地域づくりも同様に、地域の1人ひとりの「大切なもの」から始まる。自らの足元である地域づくりに参加することのその先に、国際協力もあるのだと思う。だから、自身に「大切なものはなんですか?」と問いかけてみてほしい。その自分の大切なものを守るために、身近にある市民団体やNGO/NPOの活動にまず参加してみること、きっとそれが国際協力の一歩となるだろう。

(コミュニティコミュニケーション・サポートセンター代表理事・椿原　恵)

第5章　地域おこしとキャパシティ・ディベロップメント

キャパシティ・ディベロップメントとは

近年、開発援助分野で注目されている、キャパシティ・ディベロップメント（Capacity Development：CD）という言葉に焦点をあててみたい。日本語で「能力開発」と訳せばよいだろうか。キャパシティ・ディベロップメントは、簡単に言うと、地域の人々が限られた環境のなかで、自らの力を用いて目標を達成し問題を解決していく過程のことである。国際協力機構（JICA）はキャパシティ・ディベロップメントを「途上国の課題対処能力が、個人、組織、社会などの複数のレベルの総体として向上していくプロセス」と定義している。なお、「キャパシティ」は問題解決能力や目標設定・達成能力と定義されている（JICA　2006）。

従来の人材開発や組織形成への協力においては、能力の開発はキャパシティ・ビルディング（Capacity Building）と呼ばれる個人と組織に焦点を置いた北から南への一方的な知識の移転の側面が重視されていた。しかし、１９９０年代、主要援助機関によって途上国に対する技術協力を中心とした開発援助の見直しと評価が行われたことを契機に、個人や組織に加えそれを取り巻く現地の社会や制度を含めた包括的なキャパシティ・ディベロップメントや潜在能力までを含めた総合的な能力を内側から強化する考え方が重要視されるようになった。限られた期間でプロジェクトを完遂し成果を生み出そうとすると、目に見える建物や施設の建設、外部者が企画した集会の数やそれへの住民の参加の度合いを評価基準とし、事業形成の過程に参画する現地のキャパシティを軽視し、その結果、プロジェクトが持続しないというケースが多発したからである。

このように、キャパシティ・ディベロップメントという言葉は、途上国への外発的な援助に対する批判から生まれた言葉であるが、日本の農村地域にもその概念は適用可能である。日本の農村地域は、過疎高齢化が進行する一方で、地方分権化の推進により自立的に地域を維持し活性化する能力をもつよう求められている。次の章でも述べるが、多くの地域づくりの事例では、それが事業として始まる時に、行政や外部者がほとんどのお膳立てをするため、住民は作られた枠組みへの参加となってしまうことも多い。今日、先進国か途上国かにかかわらず、地域は自立的、持続的に発展する能力を内側から強化する必要があるといわれているが、その方法は必ずしも確立しているわけではなく、事例の交換が重要な役割を担う。日本の農村における地域おこしの事例を用いて説明してみたい。

日本の農村における地域おこしの事例

（1）大分県大分市今市校区の事例

大分市今市校区は、大分市の西南部に位置する野津原地区に属する。野津原は中山間地帯で平坦地が少なく面積の約8割を森林地帯が占めている。総人口は630人（2008年9月末現在）で、うち44・6％を65歳以上人口が占める過疎高齢化地域である。

野津原から今市校区を通り久住へと続く県道412号線沿いに6つの農産物直販所が存在する。中山間地域にもかかわらず今市校区の直販所は朝早くから買い物客で賑い、なかには年商1億円を超すほどの店もある。6つの直販所のなかで、リーダー的役割を果たしてきたのが今市校区の女性グループ、今市ひばり会によって運営される若妻の店である。ひばり会は、今市校区に住む若い嫁（若妻と呼ばれている）たちをメンバーに、彼女らが自らの置かれている状況に気付き、自らのもてるものを活用して社会的地位を向上させることを目的に、大分県が１９８０年に発足させた会である。ひばり会のメンバーは生活改良普及員（生活改善運動を担った県の職員）の支援を受け、研修や地域のイベントへの参加等さまざまな活動を行い、１９８６年、地元の農産物を販売する若妻の店を設立した。県道沿いに立つ若妻の店は大分市から久住や竹田へ向かうドライブ客で賑わい、その様子を見た農家が若妻の店の周辺に次々と直販所を建て始めた。

現在、若妻の店は１９９８年の改築を経て、郷土料理のレストランを備えた農産物直販所となっている。約30年続く若妻の店は地域に貢献した直販所として国や県から表彰され、マスコミにも取り上げられるなど、県内外で高く評価されている。また、今市校区の直販所は地元の農産物を仕入れ販売することによって地域経済の活性化や農業をする高齢者の生きがい作りに貢献し、地域おこしの運動としても成功をおさめている。

（2）愛知県北設楽郡東栄町の事例

東栄町は、愛知県の東部、北設楽郡の東南部に位置し、総面積の約91％が森林・原野で占められる。総人口は４、３４７人で、うち約45％が65歳以上（２００５年）という高齢化地域である。

東栄町は、2007年から国の事業の一環として都市部から地域づくりインターン生を受け入れている。同インターン事業は、都市に住む学生へ東栄町の魅力を伝えることを目的に、鮎釣り体験など田舎の生活体験に加えて農村調査、農家への宿泊などを行うものである。このインターン事業で学生が提案した地元の資源を用いたツーリズム案が、2008年に国の補助金を受けて東栄町を含む4地域で実施されることになった。

4地域の役場が中心となり民間のシンクタンクの協力を得て企画を実施しようとしている。この企画ではNPOの協力も得られ少しずつ形になってきてはいるが、今のところ住民の参加を充分には得られぬままで事業が進められていることが推進する人たちに懸念されている。役場では、将来的に本事業を東栄町が独立して行えるまでに定着させたいと、地域づくりインターン事業を次のステップへつなげようと考えている。今後、地域づくりを持続的に行っていく上で、導入される多様な事業の計画段階からいかに住民を巻き込んでいくか、住民と情報を共有していくかについての工夫が期待される。

地域おこしとキャパシティ・ディベロップメント

前項で今市校区と東栄町の2つの事例を紹介した。期待される結果はどちらも地域おこしであるが、実は2つの事例に登場する活動には大きな違いがある。

今市校区においては、内発的に住民が始めた活動を生活改良普及員や、後には世界的にも有名になる一村一品運動を通じて、行政が側面支援することによって、住民のキャパシティ（課題処理能力）が向上し、結果的に地域活性化が実現した。家事と農業で忙しい地域の若妻たちが「互いに交流する場が欲しい」と行政に申し出たことから若妻の店は始まったが、"Learning by Doing"（行動することを通して学習すること）やグループ活動によって若妻達のキャパシティが段階的に向上していき、若妻の行動に触発される形で、他の住民も活動を開始し、若妻グループだけではなく、地域のキャパシティが向上した。その結果が地域おこしというダイナミックな動きにつながった。

一方、東栄町においては、行政の立案したプロジェクトが先にあり、住民は事業がある程度決定したのちに参加を促されたと考えられる。そのため、特に初期においては、住民のキャパシティが向上することは顕著にはみられなかった。しかし、当初は外部者の提案をもとに行政が事業の計画を進めてきたことに対して、行政やNPO関係者がこの事業もこれまでの単発的事業と同様に一過性のイベントで終わってしまい、ますます住民の不信感をあおるのでは、と危機感を抱き、取り組みの変化へとつながった。東栄町においても、今市校区にみられた地域のキャパシティ（課題処理能力）の向上が、外部からの事業受け入れを通じて、まず役場関係者・参画するNPOのなかに起きていることがわかる。したがって、時間の経過とともに、地域おこしというダイナミックな動きにつながることも期待される。

2つの事例には共通点も存在する。それは、すでに述べたように、活動にさまざまな立場のアクターが関わっていることである。今市校区の事例では、地方行政である生活改良普及員、民間セクターである直販所、地元住民である農家、外部者である客、東栄町の事例では、地方行政である町役場、NPO団体、外部者である学生およびシンクタンクである。今市校区の事例では、住民が活動の主体者となり行政がそれを支え、民間セクターと住民が地域経済の活性化に貢献し、外部者が住民に刺激を与えた。東栄町の事例では、行政が主導となり事業を組み立て、NPO団体が助言を与え、外部者が刺激を与えた。「三人寄ると文殊の知恵」とよく言うように、違う立場で異なる役割を果たす者同士が協働することで初めて活動が始動し、直面する数々の問題を乗り越えることができる。

多様なキャパシティ・ディベロップメントの可能性

本章においては、2つの事例を対比させることにより、内発的な住民の動きが結果として地域づくりにつながった過程重視の取り組みと、従来型の外部提案から始まる地域づくりありきの取り組みの違いを明らかにした。過程重視の取り組みの場合には、地域に関係のあるそれぞれのアクターのキャパシティ（課題処理能力）が向上することが重要となるが、地域づくりありきの取り組みの場合には、それぞれのキャパシティの向上よりも、事前に決められた役割を忠実にこなす駒としての役割のほうが重要となりがちである。高度経済成長期には、外部から資金や技術を投入することが比較的簡単であったため、短期間で成果の見えやすい後者（地域づくりありきの取り組み）のほうが効果的であった。そのため、地方は中央政府に課題処理を依存し、地域としてのキャパシティの向上をおろそかにしてしまった。したがって、今市校区の事例は、高度成長期に活動の起源がありながらも、単に地域の経済活性化を目的としただけではなく、中央政府に依存していたために失われた地域としてのキャパシティを住民が回復しようとした取り組みと理解することもできよう。

しかしながら、従来型のアプローチがすべて悪いわけではない。外部からの開発のイニシアティブを受け入れる場合でも、地域の側に、地域に適した形で受け入れていこうとする関係者が存在する場合は、時間をかけて能力向上につなげていくことは可能である。インターンシップという外部からのシステムでありながら、これを比較的早い時期に取り入れてきた東栄町には、その能力が存在していたと考えられる。実際に、NPO関係者や多くの学生が東栄町を訪問し、活動に参加しているということは、東栄町に人々をひきつける多くの魅力があるということである。これは、人的資源（行政担当者、商店のおばさん、畑で働いているおじいさん、または小学校の校庭で遊んでいる子供など）の場合もあるであろうし、天然資源（川や森、そしてそこに住む生き物たちなど）の場合もある。この、人々をひきつける東栄町の魅力を活かすような取り組みを継続することができれば、それが結果としての東栄町の地域おこしにつながる。

以上のように、「住民の主体的参加」→「住民を含めた地域のキャパシティ向上」→「発展プロセスの持続性」という道筋が見えてくる。同時に、自らが問題解決の主体であるという自己意識の醸成もキャパシティ・ディベロップメントの概念内に含まれていると思われる。なぜなら、一過性のイベントでは、キャパシティが向上することはあまり期待できない。ということは、キャパシティの意味のなかに、参加該当者が事業への継続的な関わり合いにコミットする要素が含まれなくてはならない。本書の特別寄稿で詳しく説明しているように、自らが地域の課題や問題を解決するための主体であると認識することがその後の持続的な発展を保証する要素であると考えられる。

日本の農村地域では、大都市への人口集中による過疎・高齢化現象が進行し、この過疎・高齢化は、就農人口を減少させ、集落を消滅に至らせ、耕作放棄地の増加や景観の崩壊を招いている。集落機能がなくなり、村ごと消えていく場合もある。また、地方行政は財政難に陥り、小さな市町村は近隣都市との合併に迫られ、結果として、住民はこれまで行政から受けてきたサービスを今後とも受けられる保証はなくなっている。

この状況を嘆くだけでは、地域に住み続けることはできないであろう。農村地域を訪れると、行政、住民、NPOなど立場に関わらず、衰退していく地方を何とか活性化しようと奮起し、活動を実施している人々に出会う。人を呼び寄せるためのツーリズムやイベントの実施、郷土料理の販売と活動の内容はさまざまである。しかしながら、多くの活動が、財政的制限、意欲の低減、人間関係の問題等、さまざまな理由で持続せず一過性のイベントで終わってしまっている。したがって、地域おこしとしてイベントやビジネスを行う際、関係する人たちや組織の継続的な関わりと関係性の充実が、それらの活動およびひいては地域の持続性に最も重要な要素であると考えられる。

この章ではキャパシティ・ディベロップメントが地域の発展プロセスの持続性のために重要な意義をもつことを事例を挙げて示し、地域と地域がつながる上で、地域の発展を担う主体として関係者の意識を醸成するための端緒としてのキャパシティ・ディベロップメントの重要性について述べた。次の章では、名古屋大学大学院国際開発研究科で、このような国際開発の知見を用いた活動を通じて日本国内の地域づくりに関わっている例を紹介して、日本国内の地域づくりと途上国の地域づくりのもつ同時代性、相似性について考えてみたい。

第6章　国際開発の知見を地域おこしに

はじめに

筆者の所属する名古屋大学大学院国際開発研究科では、大学の社会貢献事業の一環として、さまざまな地域貢献事業を行っている。国際開発研究科という名が示す通り、社会貢献事業の大部分はアジア・アフリカ等の開発途上地域を直接の対象としており、アジア開発銀行や世界銀行からの受託で研修や調査を実施している。そのなかで、国際協力機構（JICA）の研修員受入事業への協力をはじめとして、国内で実施している事業もいくつかある。2008年度には、長野県松本市奈川の「寄合渡《よりあいど》にぎわい！　未来予想図プロジェクト実践事業」への開発手法の技術提供を行った。また、同地域にて社団法人国際農林業協働協会（JAICAF）と寄合渡元気ハッツラッツ研究所が主催した第3回「『地球時代のヒント・農村未来塾』～聞き書きから学ぼう〝参加型開発〟と国際協力～」にも参画した。

本章ではこれらの事業を紹介するとともに、一連の活動を経て関係者の意識・行動がどのように変化してきたのか、また、これらの事業を経て見えてきた、地域おこしと国際協力の双方が互いに経験を共有しあう関係について触れる。

寄合渡にぎわい！　未来予想図プロジェクト実践事業

長野県松本市奈川地区は長野県の中央部西端に位置し、市街地から36kmの距離にある。北から東を旧安曇村、南は木曽郡木祖村・木曽町（旧開田村）、西は岐阜県高山市高根町と接している。旧長野県南安曇郡奈川村は2006年4月1日に松本市、四賀村、安曇村、梓川村、一市四村が合併し、現在の長野県松本市奈川となった。木曽街道と物資交流の商業道である野麦街道に沿っていたため、かつてこの近辺は多数の旅籠や茶屋でにぎわった。近世初頭から明治初めに至る300年間に栄えた尾州岡船と呼ばれる牛による運送業は、一村としては全国に冠たるものであったと伝えられている。

1969年の奈川渡ダムの完成によって、道路網の整備が急速に促進された反面、2集落の水没移転により人口流出が進んだ。定住促進に就労の場は欠かせない条件であるが、地区内の雇用を支えてきた観光事業も入込み客が大きく減少し、地区内での雇用環境は極めて厳しい状況となっている。地理的制約のため、新たな企業立地などは、困難であり、福祉産業などの新たな視点での産業の育成、市街地への通勤を容易にする道路交通網の整備および自然環境を生かした農林業の振興が課題となっている。松本市では、定住促進を最重要課題としながらも、都市農村交流にも力点を置き、交流人口増による地域の自立促進と住民の協働による地域づくりが必要であると考えている。

このような背景を受けて、2008年4月に奈川地区内の寄合渡集落に寄合渡元気ハッラッ研究所が設立された。寄合渡元気ハッラッ研究所のメンバーは、過疎・高齢化の現状を何とかしようと集まった奈川地区内の若手（30代～50代）である。ハッラッ研究所は、「寄合渡にぎわい！ 未来予想図プロジェクト実践事業」を提案し、それが長野県に採択され、2008年度の県の地域発元気づくり支援金を受け取った。具体的な事業として、（1）そばのブランド化事業の促進のためのそば製粉機の導入、（2）農村体験交流会の実施、（3）地域紹介マップの作成、がある。この事業の主体となるのはハッラッ研究所をはじめとした奈川地区寄合渡町会の住民であり、この事業を通して集落内の絆を育むとともに、自分たちの暮らしている地域への愛着や誇りを再認識し、元気な活気ある集落づくりを実践する、ことを目的としている。

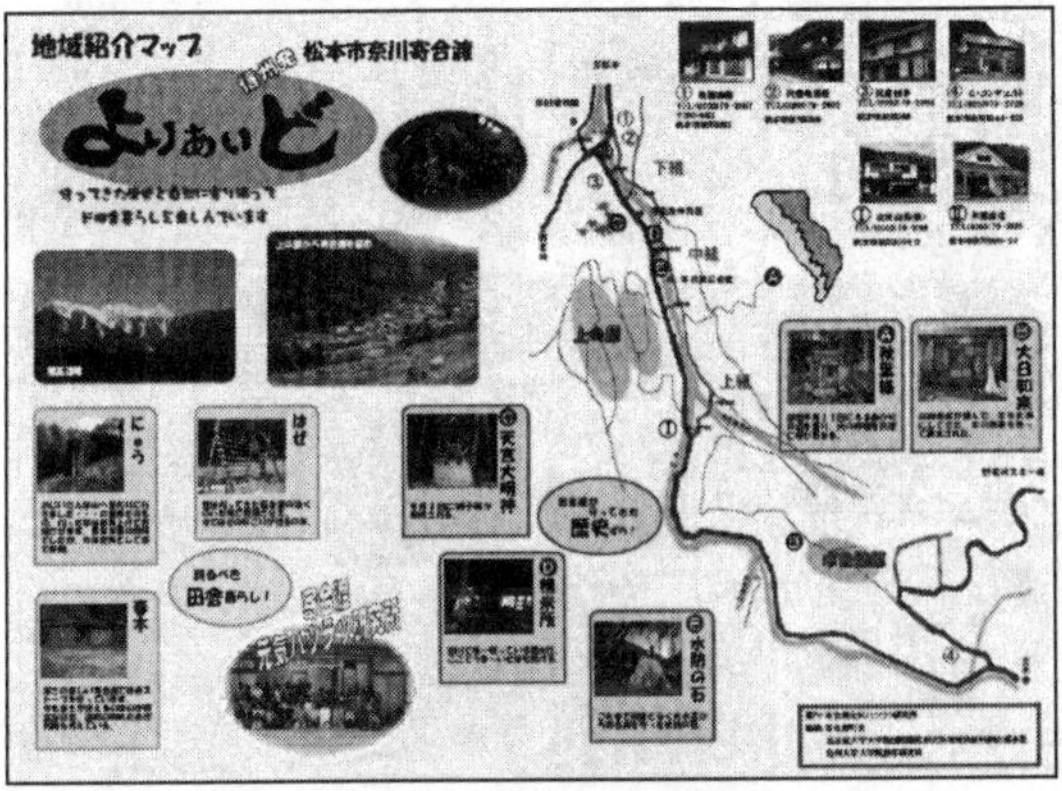

よりあいど地域紹介地図

　ここでは地域紹介マップの作成の過程で、開発分野で頻繁に取り入れられている参加型開発手法がどのように適用されたか、この過程を通して、ハツラツ研究所のメンバー内にどのような意識、行動の変化がみられるようになったのかについて紹介したい。また、途上国での国際協力経験をもとに、日本特有ともいえる地方行政関係者の関与の仕方について述べたい。

　支援事業では2008年8月から12月までの約5カ月間にわたり、さまざまなワークショップが行われた。主なメンバーはハツラツ研究所メンバーと県の農業改良普及員、松本市役所職員、名古屋大学および信州大学大学院生である。ただし、ハツラツ研究所メンバーのなかには松本市役所職員でありながら、ハツラツ研究所の一員であるという立場の人たちも多数含まれている。最終的に成果品として片面に季節カレンダーを盛り込んだＡ３サイズの地域紹介地図が作成された。

よりあいど季節カレンダー

みんなで作る地域の地図とカレンダー

地域紹介地図を作成するためには、どのような地域資源が寄合渡のなかにあるのかをまず住民自身が認識するところから始まる。そのための地域資源発掘作業の1回目が8月30日に開催された。参加者はハッラッ研究所のメンバーと学生達であった。

寄合渡内を歩いて資源だと感じたものを写真に撮り、その位置を地図上に記入するフォトマッピングという手法と、選択した資源について意見交換を行うワークショップを組み合わせて行った。

地域資源発掘作業を行うハツラツ研究所メンバーと学生

主な目的は、内部者であるハツラツ研究所メンバーが、外部者である学生と一緒に寄合渡内を歩くことで、普段当たり前すぎて見過ごしていた寄合渡内の資源に気づいてもらうことである。そして、それらの資源の捉え方が内部者と外部者では違うことに気づいてもらい、ハツラツ研究所メンバーに自分たちの資源の価値を再認識してもらうことであった。また、今後の活動を見越して、メンバーがワークショップに慣れることもねらいの1つであった。

メンバーは、寄合渡の中を歩いている時や、ワークショップのなかで写真について話している時は、「昔のものはどんどん壊されてしまうね」、「囲いとかをして大切にしなきゃね」等、懐かしいものを失ってしまうことへの惜しさや、古いも

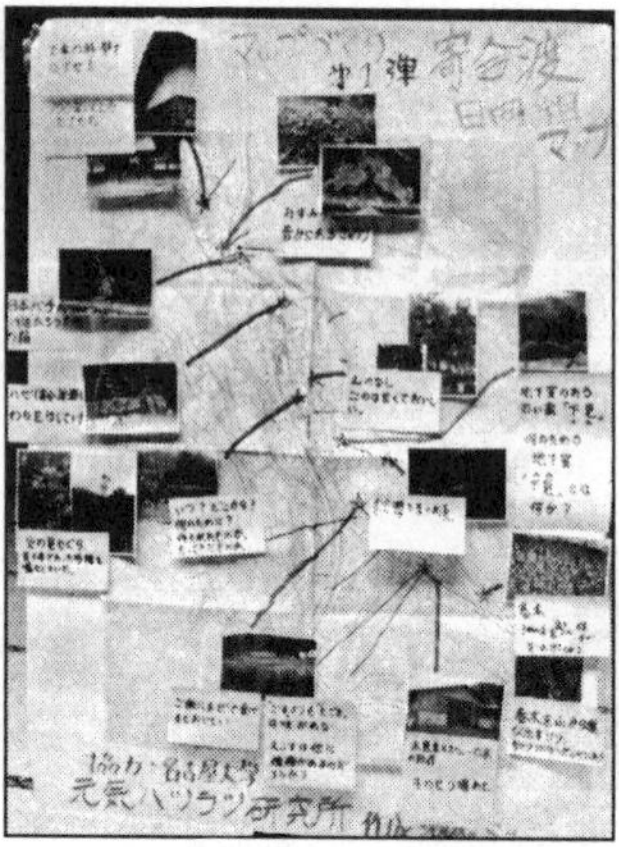

作業の途中で作成された地図の原稿

の・伝統あるものに対して保存することの重要性を感じていたようであった。また、「これは珍しい」という発言や、小学生以来行ったことがなかった場所に興味をもったり、知らなかったことに気づいたりとさまざまな発見をしている様子がうかがえた。

しかし、撮った写真のなかからさらに資源になりそうなものを絞るという段階になると、言葉の上では新たに発見した地域資源の大切さを述べていてもそれらを外部の人に見せるということになるとこれまで通りの固定観念で「外部者にとっては面白くないものだろう」と判断していたり、「自慢できることではない」という理由で、写真を候補から外してしまったりしている様子がみられた。言葉では重要性を再認識していても、実際の行動に反映されるまでには至っていないということの表れであった。

9月5日に行った2回目の資源発掘作業は、1回目とまったく同じ手順で進められた。前回の経験からハッラッ研究所メンバーだけでは収集できる情報が少なく、知らないことも多かったため、寄合渡の他の住民にも呼びかけて一緒に行った。お年寄りに聞けば多くの情報が得られることからハッラッ研究所はお年寄りを中心に声をかけてみた。お年寄りからは、「若い人と話し合う場ができたのは良いこと」「若い者に続けて行ってもらわなければ後がない」というような発言が多く聞かれ、地域の抱える高齢化、人口流出という問題、伝統を継承していく後継者不足への危機感などを改めて共有しあう場になった。

2回目のマッピングではハツラツ研究所のメンバーに進行してもらう予定であったが、ハツラツ研究所側のイニシアティブがなかなか見えず、主導権のありかが非常にあいまいであった。後からわかったことであるが、この時ハツラツ研究所メンバーはこの事業の当事者というよりも、招かれた参加者として関与しているという認識であったことが原因であった。

一方で、メンバーのなかには「なかなか文字だけだと伝わりにくいことがある」、「文字の多い村史は読みにくい」、「どのような情報を地図に載せればよいのか」と、外部者

マッピング作業の様子

にとってわかりやすい情報発信をするためには どうすればよいのか最終成果品を見据えて自発的に考え始めている人たちもいた。

通算3回目の10月5日に行われたワークショップでは、最終成果品の裏面に掲載される季節カレンダー用の資源探しをお年寄りとハツラツ研究所メンバーが一緒に行った。季節という時間軸に沿ってどのような資源があるのか、「行事」「食」「遊び」の3つのテーマについてアイディアを出し、意見交換を行った。ここでもまた、伝統的な遊びや食文化について話すなかで、受け継いでいかなくては途絶えていってしまうもの、すでに途絶え始めているものがあることなどが再認識された。

この回になると、ハツラツ研究所メンバーはワークショップという形式にもずいぶん慣れ、作業も手際よくこなしていた。グループ作業の際には、他の参加者の意見をまとめたり、発言を促すように振舞っていたりした。

一方で、学生側から見るとまたもやワークショップに対するハッツラッツ研究所側の主体性が充分には見えなかったことが気になった。この事業の主導権はハッツラッツ研究所にあり、大学側は皆がアイディアを出したりまとめたりするための手法を提供しに来ているだけであるという点を再認識してもらう必要性があった。そのため、ワークショップの始まりの挨拶など、形式的な部分はすべてハッツラッツ研究所側に行ってもらうことにした。この時点で、主導権が移ったことに戸惑い・違和感を抱いているハッツラッツ研究所の様子がうかがえた。

内に秘めたオーナーシップ・誇りの表面化

地域紹介マップ作成のための必要な資源の収集は終了し、どのような意図を込めた地域紹介マップを作成するのかという具体的な内容を詰める段階になって初めてハッツラッツ研究所のなかでさまざまな思いが表面化してきた。

まずは、主導権を強制的にハッツラッツ研究所側に移そうとしていることに対して、メンバーの戸惑い・違和感などがさまざまな場面で苛立ちという形で現れてきたことである。

特に外部者であり、これまで調整役として動いてきた市役所職員に対して顕著であった。

この事業の始まりを振り返ってみると「未来予想図プロジェクト実践事業」に盛り込まれている、そばのブランド化や、松本市との合併以前に行っていた神奈川県湯河原町との都市農村交流会の復活、外から人を呼び交流人口を増やしたいという思いがハッラッ研究所のなかにあったのは確かである。しかし、これらの思惑を体系化し、事業としてまとめ上げたのは外部者である県職員と市役所職員であった。事業提案時点でのハッラッ研究所の関与度が低かった可能性があり、その後の過程においても、ハッラッ研究所側の事業に対する主体性が十分でなく、市役所職員主導になってしまっていた。そして、地域紹介マップの内容を詰めていくという段階にきて、つまり、メンバー1人ひとりおよび地域としての将来のビジョンが必要とされるという段階にきてそのような強い意志、明確なビジョンをもち得ていなかったことに気づき、事業の重みを初めて実感したのであろう。また、事業を進めていくとハッラッ研究所メンバー内での意見・思惑の違い、封建的な雰囲気の残る寄合渡で年配者たちとの意思疎通の必要性、日々の忙しさのなかで運営資金もないままハッラッ研究所を継続していけるのかという不安など、乗り越えざるを得ない課題が山積している現状を再認識したと考えられる。

地域紹介マップの作成過程をとおして、また、ハッラッ研究所への半強制的な主導権の移譲に伴い、ハッラッ研究所メンバーの態度も変化してきた。地域紹介マップのコンセプトを話し合っているときに外部者である県職員と市役所職員（先にハッラッ研究所メンバーのなかにも市役所職員がいるということを述べたが、この場合の市役所職員はハッラッ研究所メンバーではなく寄合渡に居住しているわけでもないため完全なる外部者であった）が「手付かずの自然」ということをコンセプトとして提唱した際、ハッラッ研究所メンバーから次のような発言があった。「どのような意味で『手付かず』というのですか。寄合渡にある山は決して手付かずではなく、先祖代々手入れをして守ってきたからこそ、今のような資源の豊富な状態で保たれてきたのです。手付かずだから誰でも入っていい、荒らしても問題ない、資源だって好きなようにもって行ってよい。そのように外部者に間違って認識されては困ります。守ってきた自然なのです。」

第1回のマッピングでは、言葉の上では地域資源の大切さを述べていてもそれらを外部の人に見せるとなると自信に欠け、その価値を主張することができず、実際の行動に結びついてこない様子がみられたが、この発言は、自信と誇りに溢れたものであった。

また、「最終的には外部から寄合渡に遊びにきてもらう人口が増えて、住んでもらえるようになればうれしいが、現状はまだ人を受け入れるような状況にないのではないか」、という、将来を見越しつつも冷静に自分たちの現状を把握し、今の段階では何ができるのかと後ろ向きではなく前向きに進もうと試行錯誤している様子がうかがえた。

『地球時代のヒント・農村未来塾』〜聞き書きから学ぼう〝参加型開発〟と国際協力〜

２００９年2月27日から3月1日にかけて、寄合渡では、社団法人国際農林業協働協会（ＪＡＩＣＡＦ）と寄合渡元気ハッラッ研究所の主催によるワークショップ、第３回「『地球時代のヒント・農村未来塾』〜聞き書きから学ぼう〝参加型開発〟と国際協力〜」が開催された。松本市奈川支所、ＦＡＯ（国際連合食糧農業機関）日本事務所や（特活）地球緑化センターをはじめとするＮＧＯ、名古屋大学大学院国際開発研究科地域貢献特別支援事業が協力機関として参加した。

このワークショップは農林水産省からの助成によるもので、ＪＡＩＣＡＦが実施する海外農林業協力ＮＧＯ等活動促進事業の一環として、わが国ＮＧＯの国際協力活動を支援するとともに、草の根の農林業協力の推進に寄与すべく「地球時代のヒント・農村未来塾」と銘打って２００６年度から年1回各地で開催されている。２００８年度のテーマは「聞

第3回地球時代のヒント・農村未来塾
〜聞き書きから学ぼう"参加型開発"と国際協力〜
2009年2月27日〜3月1日・長野県松本市奈川地区寄合渡

JAICAFの研修

き書きから学ぼう〝参加型開発〟と国際協力」となり、寄合渡元気ハツラツ研究所と共催されることとなった。

ワークショップの目的は2つである。第1は、寄合渡住民の参加協力の下、ワークショップ参加者が住民との交流や聞き取りを通して、地域内の資源を見つけ、地域が抱える課題を把握し、地域の開発に関わる多様な関係者の機能や役割を整理し、また、地域住民の立場に立って地域活性化のニーズを探り、その上で提案・議論を行い、海外での活動に不可欠な知識・技術を学ぶことである。第2は、参加型開発が何であるのかを考え、参加者が参加型開発の困難さを認識し自らの課題として位置づけるとともに、寄合渡住民が外部者との交流や議論を通して、さまざまな見方・情報を得ることであった。今回のワークショップには全国から18名が参加した。そのなかには卒業後の進路として国際協力を選択肢の1つとして考える大学生や、現職および元NGOスタッフがおり、NGOでボランティアとして活動している会社員も参加していた。寄合渡側からの参加者は、ハッラッ研究所のメンバー、市役所職員、そして寄合渡町会のじじ・ばばと親しみを込めて呼ばれている高齢者達であった。

研修のプログラムでは、まず、さまざまな議論が行われており、定義が錯綜している参加型開発を参加者に実際に見せることで、参加者が今後NGO活動を行う上での注意点や困難さ・問題点を肌で感じてもらうことが期待された。地域おこしの視点からは、地域の関係者が、海外協力に関わるNGOスタッフを含めて研修生という外部者との関わり合いを継続することで、国際協力を含めた外部との交流を地域おこしに生かすための基盤を構築するきっかけを作ることにそのねらいがあった。以下で、地域おこしという側面からどのような影響があったのかという点に焦点をあててみる。

研修のプログラムを大きく分けると以下の4つになる。

（1）寄合渡を知るための講義。ハッラッ研究所メンバーや県と市役所職員が講師として、現在行われている地域おこし活動に関する講義が行われた。

（2）参加型開発や地域おこしを概念的に理解するための講義。これは寄合渡に関わりをもつ松本大学および名古屋大学教員により行われた。

（3）参加者自身による寄合渡住民に対するインタビューを通した聞き書き学習。参加者がグループに分かれ、各グループが寄合渡町会の住民の家にお邪魔し、事前にグループで用意した質問事項を中心に、必要に応じて内容を加える半構造的インタビューを行った。

（4）参加者による聞き書きで学んだことと寄合渡に対する提案の発表と、それをたたき台にした寄合渡住民との議論を実施した。

このうち興味深いのは（3）の聞き書き学習と（4）の発表・議論である。聞き書き学習では、元村役場職員の男性と、旅館を営んでいる男性にインタビューを行った際、元村役場職員の男性からは、昔の寄合渡の暮らしの説明などから生活史や老人方の生活の知恵を聞くことができた。例えば、寄合渡周辺で採れた山菜や野菜の漬物のことであったり、昔の精米方法であったりである。また、現在の寄合渡の課題の根本は若者の雇用機会がないことにあると何度も強調していた。旅館経営をしている男性は、写真の趣味があるために、寄合渡のもつ地域資源の豊富さや奥深さをよく知っており、実際に写真を交えて説明がされた。
くだけたやり取りのなかでは、山村社会のもつ特殊性を挙げ、地域として活動することがいかに困難であるかを説明しようとしてくれた住民もいた。山村では何かやるときは、全員でやらねばならないため、1人が強いリーダーシップを発揮して結果を出して、それにみんなが後から付いてくる、というタイプのプロセスを踏みにくい。同時に、周りから声をかけられるとやらないわけにはいかなくなり、ともすれば半強制的にならざるを得ないことが語られ、参加型開発がいかに実現困難であるかを参加者が知る機会ともなった。

このように、住民側も外部者であるワークショップ参加者の話を聞いたり、インタビューに答えることにより寄合渡の問題点を山村社会の特殊性や地域特性などと結び付けて客観的に認識したり、寄合渡にある資源や歴史・社会、産業を見直し再評価するきっかけになっていたと思われる。実際に、元役場職員の男性は寄合渡の生活史を文書にまとめて私たちに配り、寄合渡の歴史を紹介してくれた。このような心配りのなかに、寄合渡の資源に対する住民側の認識の変化が見て取れるのではなかろうか。

最終日に、参加者はワークショップ期間中に見聞きした地域の資源や寄合渡の課題を整理し、それを解決するための自分たちなりの提案をすることになっていた。グループによっては、それまで見聞きした寄合渡の資源を分類し弱みや強みを挙げた。また、資源を「環境価値」「生活価値」「経済価値」の3つの視点から整理し、農山村の豊かさとは3つの価値が重複するような資源をどれだけ利用しているのかで評価できるとして、寄合渡の資源の分類を行ったグループもあった。

「観光客をひきつけるためには、まず村を通る道路沿いに幟《のぼり》や垂れ幕や看板の数を増やそう」という現実的な提案をするグループがあった一方で、寄合渡で使われていない建物を利用して、都会の子供たちとの交流の場を作り出そうという夢を含んだ構想を提案するグループもあり、その提案はさまざまであった。

ハツラツ研究所をはじめとした住民には、こうした外部者と関わることで新しい知識、情報に触れ、今後の地域発展のために役立ててもらうことが期待された。実際に、参加者の提案を土台に議論を行う住民も存在した。「幟」の数を増やすことを提案したことにより、これまで集落内の交流施設でのみ売っていた農産物を自宅の前で販売することに意欲を見せた住民がいた。このように、外部からの参加者の視点を発表することにより寄合渡住民間で議論が始まるきっかけが創られたといえる。

地域の課題としてどのようなものが挙げられるのか、複数の課題にはどのような視点から優先順位をつけることが妥当なのか、そしてそれを解決するために地域資源がどのように利用できるのか、といったことを参加者だけでなく寄合渡住民も一緒になって、実際に考えたり、体験したりすることができ、「実践のもつ教育力」が発揮されたといえる。

地域住民の意識・行動の変化

寄合渡では国際開発の分野でよく活用される参加型調査手法（ワークショップ、マッピング、季節カレンダー等）を活用して地域おこしに向けた動きが具体化するために、本章で述べたような2つの事業が行われた。ハツラツ研究所の代表によって、このような外部との交流を通じて寄合渡に活気が出てくることが認識されている。例えば、寄合渡のじじ・ばば達の行動の変化が注目に値する。これまでは声をかけても活動に参加することをためらうじじ・ばばが多かったのだが、今回の事業に関して言えば、一声かけると自発的に参加するようになったそうである。ただし、すべてのじじ・ばばが自発的に参加するわけではなく、今後はそれ以外のじじ・ばばをどのように巻き込んでいくのかが課題であると認識されていた。

発表会の直後に、ハツラツ研究所の代表は、「村に活気が出てくると、じじ・ばばの態度が柔軟化する、その結果、村の若い層が行動しやすくなる、そのため、村に活気が出る、という正のフィードバック効果がある。」と述べていた。また、『地球時代のヒント・農村未来塾』においては、ワークショップ参加者のなかに4名留学生がおり、海外に行ったことのない寄合渡住民にはより一層刺激的な経験になったようである。このように地域おこし事業だけにとどまらず国際協力事業とのつながりが見えることにより従来よりも大きなフィードバック効果が得られる可能性も期待される。

終わりの席で、市役所職員から「参加者が将来NGOとして海外に行って、その後日本に戻ってきたらその報告会を開きましょう」という発言があった。国際協力と地域おこしをつなげていく上で地域同士の継続的な関わり合いが必要不可欠であり、その関係構築のきっかけをワークショップ参加者が担うこともまた期待されている。本事業のように聞き書き学習がもたらす「現場がもつ教育力と実践がもつ教育力」を通して、日本国内の地域の実際のありようを眺めることが、途上国の地域に対する考え方や見方を養うことにつながりうる。

ただし、この際注意すべき点は、今回の事業はあくまでも研修であり、そこには限界があることである。たとえ参加型開発を研修のテーマにしようとも、参加の場のセッティングの困難性やプレゼンテーション時に各グループが発表した構想の実現性の有無に関しては、参加者にとってなかなか現実感が出てこないという限界があるのはもちろんのことであろう。実際に、参加者のなかにはこの点を理解し、参加型開発と言いながらも参加者に偏りがあることや、短期間での住民との関係構築の困難さを指摘する者もいた。また、参加者グループの発表に対する寄合渡住民側のコメントには「理想的ではあるが」という但し書き付きの評価が出ていた。この点を参加者自身が自覚したうえで、NGO活動を継続することが必要なのかもしれない。

日本の地域から伝えるメッセージ

グローバリゼーションと市場化が当たり前のものとして進行していくなかで、地方分権が進められている途上国・先進国いずれにおいても、地域の持続的開発を推進していく上で地方政府と住民の協働が実現する仕組み作りが不可欠なものとなっている。このように課題を共有しつつも、本事例に関わっていくなかで途上国の事例とは顕著に異なる点に気づかされたので、最後にこの点を記したい。それは、県職員、市役所職員が公私の区別なく寄合渡に深く入り込んで活動している本事業への取り組み姿勢と、地域住民に対して敬意をもって接する姿勢である。外部者である県職員が休日の祭りに家族連れで現れたり、寄合渡の人にもらった山菜の代わりに自分の畑でとれたりんごをお返ししたりという仕事以外のプライベートな付き合いを目にする機会が多かった。筆者らがこれまで目にしてきた途上国の役人は、任務のために農村に行くことはあっても、自費でしかも休日という私的な時間を削ってまで農村に行くということは考えられなかった。その上、役人というと農民よりも権力があるという構造が先にきてしまい、農民から役人への表面上の敬意は感じられても双方向の対等な関係というものは見えてこなかった。途上国と同様に日本の農村においても農民と公務員の間での収入格差や安定性の差がある点は同様である。しかし、経済的な格差＝権力の差ではない寄合渡でみられた市役所職員と地域住民との関係は行政と住民がともに作り上げるトップダウンではない「住民の視点からの開発」の原点であるととらえることもできる。地域おこしと国際協力という2つの活動が結び付くことにより、このような日本独自の関わり方を途上国の人たちに示していくことも可能であろう。

終　章　だれもが参加する身近な国際協力へ

開発におけるパラダイムの転換

そもそも、開発途上国における開発が、世界の課題として本格的に議論されるようになったのは第二次世界大戦後のことである。初期の開発経済学においては、経済成長の恩恵はやがて貧しい人にも滴り落ちるという前提で国家レベル経済開発政策が進められ、海外からの援助による社会資本整備が行われてきた。わが国自身の戦後の高度成長がこのような理論に基づき進められたことを積極的に評価する人もいる。その後、このような政府の主導による開発を推進する構造主義の開発援助が行き詰まりを見せ（政府の失敗）、開発途上国においても市場が機能することを前提とした新古典派アプローチの開発政策が導入されてきた。

1980年代以来、国際通貨基金や世界銀行によって広められてきた新古典派アプローチは、政府の機能を小さくして市場メカニズムを最大限活用し国家レベルの開発の実現を目指すものであった。しかしながら、このアプローチは大きな問題を抱えていた。まず、「政府の失敗」を問題としながら、市場メカニズムを機能させるために合理的な改革を行える政府を想定していたという矛盾である。さらに、構造調整によって、福祉や教育という基本的ニーズを満たすサービスの供給が減少したため、開発途上国内の特に貧困層は、より一層困難な状況に置かれることにつながったことである。まさに現在の日本が直面している問題と類似しているのではないだろうか。この面で、日本は途上国開発の経験から学ぶことがあると考えられる。

その後開発の考え方はどのように変化したのだろうか。1990年代に入って、開発の理念は経済開発中心から人間開発を含めたものへと大きく変化した。その結果、開発援助の手法も多様化してきている。人間開発とは、国連開発計画を中心に議論されてきた概念で、一般に人々の選択の幅を拡大するプロセスと定義されている。人々が、実際にどのような福祉と機会とを享受しているかを表す広範囲な統計資料をもとに算出された人間開発指数でみた場合、北欧諸国などが上位に順位付けられ、これは経済のみで付けられた順位とは異なる。人間開発は、人間が本来もっている潜在能力の実現を目標とし、経済成長はそれ自体を目標とするのではなく、あくまでも人間開発を実現するための手段として捉えられている。

開発経済学者トダロによれば、開発の3つの中核的価値基準は、基本的ニーズを満たす能力、1人の人間であることを知る自尊心、生き方の選択の自由とされている。このような、開発の基準を達成することが開発の究極的目的であり、一般に経済成長はこの必要条件の一部になりうるとされている。しかしながら、近年はまた、経済成長がなければ持続可能な社会の実現はないという従来の考え方に揺り戻しが来ていることも観察されている。その考えが正しいかどうかは判断が難しいが、人々の身近なところから決定権が取り去られた社会が、一歩間違うとどのようになるかは2008年秋以来の経済状況でだれもが納得していることであろう。

最近大学で学生に教えていると、多くの学生が「開発」という言葉に否定的な意識をもっていることに気づかされる。開発を研究し、教えている人間にとって、開発を否定されると困ってしまう。しかし、これは一般に語られている開発が環境破壊などの否定的側面が大きく、開発のもたらす積極的な面が充分に理解されていないことに原因していると考えられる。学生のように必ずしも直接的に大きな利害関係をもたない、または認識することが難しい立場の人間が開発一般を否定的に捉えていることは、開発の古いパラダイムが一般に教育などを通じて、すなわち文化のなかで継承されているからではないだろうか。

すなわち、従来から、開発は生産の増大を意味し、外部からの資金・技術の投入の重要性が指摘され実行はトップダウンで行われてきた。しかしながら、繰り返しになるが、日本以外の先進国や開発途上国を援助する国際機関では、「開発とは持続可能な学習プロセスまでを含む価値の再発見であり、地域に住む人々の視点・能力を前提とした人間と環境の相互関係の持続性である。」とする考え方も併存しており、また日本国内の地域おこしでも、この考え方は共有されていると考えられる。

地域に研修員を受け入れる効果

本書では、わが国における外国人研修員に対するPRA（Participatory Rural Appraisal：参加型農村調査）研修を含めた、地域における行政や住民が深くかかわった国際協力の実際について描写してきた。日本の各地でこのような取り組みが行われている。筆者は、このような研修をわが国の地域で行うことにはいくつかの意義があると考える。

序章や第4章でも紹介したように、地域で海外からの研修員を受け入れて、住民参加・主導で研修を行った場合、必ず最後に直接の関係者のみならず地域の住民の人たちを招いた報告会が実施される。その場では、一連の研修を通して研修員が得た知見や感想、住民の方たちとともに研修員の作成した地域資源地図とアクションプランの発表などが行われる。研修員による発表の後で、研修員と住民の間で意見交換も行われる。このようなプロセスを通じて地域住民と研修員の間での経験の共有がなされていく。

具体的な意見はそれほど目あたらしいものではない。住民の多くの意見は、短期間に外国人が地域の多様な側面について調査をし、よくまとめたという全般的な賞賛が多く、同時に住民自身がそれまで気づかなかった地域の良さについて知らされたことも表明される。一方で、「東京や大阪のような開発は望んでいない。地域の自然は誇りであり、残したい。」「息子や娘には傍にいてほしいが、地域には仕事がなく無理である。盆や正月にのんびりしに帰ってきてくれればいい。」など、外部の価値観で立案した開発に対して否定的な意見も出される。このような自然な発言を通じて、研修員は、わが国の地域住民が、決して従来の近代化論が目指す直線的な経済的発展だけを望んでいるわけではないことを知ることになる。内発的発展の思想をこの瞬間に共有するわけである。

行政関係者からは、研修員が提案したアクションプランの内容が町の立案した計画と一部同じであったことなどが表明されることもある。また、特に老人の在宅医療案の拡充、エコツーリズムの展開などのアクションプラン内容に対して歓迎の意見も出る。市町村合併の議論の最中には、当時の町長から合併に対する質問が研修員に対して出され、研修員は、「地域の内発的発展を実現するには、合併は否定的な影響が大きい。」ときっぱり応答し、同席した住民に自らの置かれている状況について深く考えさせる機会になったこともある。「日本が進んでいるから、開発途上国に技術協力をするのだ。」という古いパラダイムは、地域で町の人々が国際協力に参加することによって、人類共通の目標である人間開発を実現するための協働の参画者とお互いがなる国際協力へと変化することになる。「毎年来る研修員の指摘事項がさほど変わらない。」という地域住民や役場幹部からの発言に、「それは私たちがこの1年変わってこなかったからだ。まず一歩を踏み出すことが重要である。」と研修に直接携わった若手役場職員が応じた。このようなエピソードから海外からの研修員受け入れが、実は受け入れている側の日本の地方行政の職員の能力向上と態度変化にも寄与していることがわかる。

ここで、研修員を日本の地域で受け入れることの意義や効果をまとめてみたい。

第一は、もちろん開発途上国から来た技術協力研修員に対する研修の効果である。参加する研修員がPRAを含む参加型開発の必要性や手法について、知識を学ぶだけではなく、わが国の農山漁村という実態を伴った現場における体験をとおして経験することが期待される。PRAは、参加型の開発を推進するための調査手法の1つで、外部専門家と地域住民が共同で調査を行うものである。PRAを通じて住民をはじめとする利害関係者が触発され、開発の当事者およびその他の利害関係者たちの間に、地域社会に根づいた開発ビジョンに向けての合意形成の場を作り出し、その合意の具現化を促す過程が実現される。実際に地域におけるPRA研修の経験を通じて、研修員の所属するそれぞれの職場で、参加型開発の思想や手法を適用することが可能になると期待される。

第二は、ODAをはじめとする国際協力における地方自治体や市民の参加の側面からみた意義である。自治体や市民の国際協力への参加がODA実施機関等によって期待されているが、具体的な手法が確立されておらず、またその地域におけるメリットも必ずしも充分には議論されていない。これまで、地方における国際化は、地域の問題と必ずしも直結した形ではないいわゆる交流事業が多く展開されてきたが、財政的にも逼迫している自治体が、自治体の本来の業務とは異なる事業に時間や予算を割けない現実が存在する。また、地域の課題の解決に国際的な連携と協働が必要とされているにもかかわらず、交流を実施する関係者が、国際協力の実施によって自らの地域の問題の解決につなげていこうとする認識に立っていないことが懸念される。地域の資源を活かした、国際協力事業を実施することによって、自治体や地域自身が抱える問題の解決への糸口となることが期待されている。

ワークショップ手法や気づきを促す専門技術をもつ外部者である開発教育のNGOや大学などの介入を必要とはするものの、地域の住民に、地域に関する誇りがあり情報を発信しているときには、住民と研修員とが相互に学び合う国際協力を実現できることが、多くの事例から示唆されている。

第三は、国内で活動する国際協力NGOの地域における意義付けである。多くの国際協力NGOは、その現場を開発途上国にもっているが、開発教育やアドボカシー型のNGOは、その主な活動対象が国内となっている。このような、NGOが国内で実施される国際協力事業に関わることによって、多様なアクターの関与による国際協力が実施されうることが期待される。また、海外活動経験者が国内地域の地域づくりに関わったり、国内で地域おこしをしていた人たちが海外に出ていく双方向の人の動きも形成され得るであろう。

地域開発と双方向の国際協力

地域開発においては、外部とのネットワークによる地域資源への気づきと住民や自治体の地域への帰属意識が活性化の出発点となる。先進国においても、途上国においても、地域の関係者が日常的に行っている内発的な地域づくりを持続的に行っていく作業に、外部の人間も参画する一手法として、ＮＧＯを含めた市民組織の多様な関わりが存在する。地域外であれ、地域内であれ、自己統治性、自発性を尊重するＮＧＯが、地域の住民の地域に対する関わりと主体性の意識化を助長する意味は大きい。このことを通して住民のみならず、行政などの従来からの開発の主体も含めた地域の利害関係者の地域への帰属意識なり、地域づくりに対する献身的な参加の度合いなりが高まる。

すべての地域は固有の価値をもっており、それぞれに豊かな地域資源が存在する。自治体や住民が、この地域資源を活用するさまざまなしかけを模索しており、この開発に地域住民、行政のみならず、多様な関係者がどのように当事者として関わるかが開発協力のあり方の今後の課題となろう。マクロレベルにおいては、地域のもつ特殊事情から発展の中心とはなりえない地域も多いが、それでも、それぞれの地域自身の発展のあり方を問うていくことは可能だと考えられる。市民組織など自己統治性、自発性、公益性をもつ組織は、内発的発展の推進者としてこのような新しい開発の促進に果たす役割が今後ともますます大きくなろう。

地域おこしにおける国際協力とは、先進地域から遅れている地域への技術移転ではない。自発的な双方向の経験の交換および共有を行うことが中心となる。地域の住民が、この自発性を発揮するには、グローバルな問題と身の回りのローカルな問題が密接に関係していることを常に確認していく作業が不可欠である。甲良町や滝川市の人々の地域に対する日常の関わりがそのまま国際協力につながっているのは、このような確認作業ができる下地があったからだと考えられる。

地域づくりに対する援助は、仮にそれが一義的に政府や国際機関・NGOが行うものであっても、実際的には、参画する1人ひとりの地域住民と地域住民を結ぶ活動である。日本と途上国の関係においては、開発途上国における開発に先進国が参加するという視点とともに、先進国に住む私たちの身の回りの開発に途上国の人々が参加するという視点が参加型開発の側面から重要である。その意味でもワークショップ形式による住民の意思決定過程などに研修員が参加するような国際協力の展開が期待されるわけである。

さらに、近年は、公正貿易とも訳されるフェアトレードや地域おこしのローカルな連携・協働による日本人の生き方を問い直すような国際協力にかなりの人が参加するようになっている。フェアトレードは、消費者の過度で一方的なニーズと企業の利潤追求を基盤にした従来の貿易とは異なる新しい貿易の形態と考えられている。消費者が、製品の内容・生産者・生産や流通に関わる者の生活や労働の実態・彼らが何を生産や貿易から得ているのか失っているのか、環境への影響などについて真実を知ったうえで購入を行う新しい交易形態だからである。このような行為によって、日本の消費者・地域と開発途上国の生産者・地域の出会いが可能になり双方向の協力が実現する。

このような形の参加も、地域のローカルな活動の国境を越えた連携として有効である。地域にとっても利益があり、その利益を自治体や住民が認識できなければ、誰もが参加できる国際協力は実現しない。地域づくりの分野では、地域の相互理解を通して、従来ありがちであった技術移転型の国際協力から住民主体となった参加型の開発の協働への転換が期待される。

地域づくりにつながる国際協力

本書では、日本の政府開発援助のプログラムを中心に地域開発に関する研修を実際の日々の地域振興の取り組みと統合させる工夫について、研修の実際を中心に詳しく紹介してきた。適切な準備がなされた場合には、開発途上国からの研修員のみならず、研修員を受け入れた地域の住民も相互に学びあうことができる参加型地域調査の研修の実施が可能であり、さらに地域に準備がある状況では、自主的・自発的な国際協力が地域づくりの戦略へと統合され得ることを紹介してきた。そのような地域における事業が、研修を受け入れた地域と送り出した地域双方の内発的発展の実現へとつながる。

政府開発援助は、民間企業、地方自治体、NGO、さらには職場や家庭をも含むできるだけ幅広い層との協力、参加そして理解を得て、実施されるべきものであろう。しかしながら、これまでの政府開発援助は、国内に事業基盤をもたない外務省やJICAが中心となって実施されてきたことから、政府開発援助の政策・実施機関の思考とそれを実際に担う国内の関係者との間に、その目的や効果について充分な合意ができていなかった。しかしながら、近年、外務省やJICAは国民参加型の国際協力を展開するにあたり、地方自治体や市民による国際協力を支援するため、政府や実施機関は情報のいっそうの提供、地方自治体が実施する協力案件に対するODA資金の提供を行うことを表明し、JICAの地方機関も整備されてきている。

地方が自らの地域づくりの過程のなかで国際協力に自発的に参画し、国連での発言力の強化のような、国が主張するところの国益の実現とは別の次元、すなわち、地域における住民の生活の次元で住民が裨益することが理解できるような意味での国益を実現する国際協力が実際に起こっている。世界経済が大きな変革期を迎え、同時に、地域社会の再生が緊急の課題であるこの時に、国際協力が地域をおこし、地域をつなぐことを確信している。そして、本書を通じて、「多くの人がこのような活動に実際に参画することにより、地域で生きながら、人類共通の課題である人間の安全保障のような課題に連帯することができる。」というメッセージを実感していただけたら幸いである。

あとがき

開発における参加を考える際に重要な視点の1つは、自分たちの住む地域において、自分たちの未来を自分たちで決めることができる自律を獲得することである。一般に参加型開発を議論する際には住民の参加が大きく取り上げられる。しかし、地域の問題に取り組むときに、住民の参加を殊更とりあげることは不自然である。たしかに、これまでの開発の主体が地域外の政治権力や資本に翻弄されてきたのは事実であるが、本来地域の開発には住民は当然何らかの関わりをもち続けてきたはずである。このことに開発にかかわるすべての関係者が再び気づいたときに、すべての地域づくりが、お互いの経験の交換をし、国境を超えた協力が実現する。

国際協力というと現場が海外にあると思われがちである。そうすると、一般市民にとって参加が困難になる。このことは、国際協力を市民生活の一部とすることへの最大の障害となっている。一方で、国内、特に中山間地が高齢化・過疎化の深刻な問題を抱えており、自治体も住民も国際協力を行う余裕はない。

世界経済の仕組みが大きく変わろうとしており、開発途上国にとってはさらに援助や人材開発が必要となるなかで、先進国においても財政危機や国内の福祉ニーズの増大に伴い、特に地域づくりのような直接短期的な経済開発に結び付きにくい活動を支援する余力がなくなることも懸念される。このような状況において、一方的な先進国から途上国への援助に基づく開発の考え方ではなく、地域社会のあり方を違った立場で議論していくような地域づくりの国際協力の増加が期待される。その意味で、地域づくりと国際協力を統合した地域の能力向上プロセスを促進する事業や運動の意味は大きい。このような日本発の地域間協力が、関係する地域において開発を自らのこととして考える人材の育成へとつながり、開発の最終目的である開発を担うすべての関係者のエンパワーメントの達成と、それらの人々にとって地球社会の構成員としての責任と自覚が育まれる協力関係につながる。

地域開発においては、市場経済にすべてを委ねるのではなく、地域に育まれてきた知恵に根ざした固有価値をもとに、地域の住民が自在に生きていくための技や、それを支える地域内の仕組みを探していくことが必要とされる。このことが、1人ひとりの地域に生きる住民による、自分たちの「世界」の創造を通して、市場経済の組み替えを可能にし、真に持続可能な社会の形成につながると期待したい。

本書は、国際協力が、危機状態にある日本の地域において、その活性化に意味を持つことを紹介した最初の書物であると自認している。そのような意図を汲み取って、取材に快く応じてくださった各自治体関係者、NGO等のスタッフに感謝申し上げる。いま、このような視点は学会でも注目されており、国際開発学会では、2006年の山口大学での全国大会時に実施した阿武町への視察を機会に、「国際協力と地域振興」部会が結成されている。本書にはその部会で得られた知見の一部も紹介されている。メンバーの各位、特に木全洋一郎（国際協力機構）、河野善彦（財団法人オイスカ）、佐藤寛（アジア経済研究所）、辰巳加寿子（山口大学）の各氏に感謝する次第である。部会では、その研究成果をまとめた出版を予定している。よりアカデミックで分析的な書物になると期待しているが、本書がその露払として位置づけられることができればうれしい。

また、本書は当初筆者が独力で執筆を予定していたが、日常の教育や学内行政の仕事に追われて筆が遅々として進まず出版社に大きなご迷惑をおかけすることになった。同時に、大学から総長裁量経費として２００６年度から3年間助成を受けてきた地域貢献特別支援事業「開発学を用いた参加型地域づくり人材育成事業」の報告をどこかで出版したいとも考えていたことから、本書をその報告の一部と位置づけ、原稿の原案作成をプロジェクトメンバーに割り振って人海戦術で執筆を行うことにした。以下に原案執筆陣の名前も明らかにして、この本が協働事業の成果であることを示しておきたい。彼らは、名古屋大学大学院国際開発研究科で、２００８年度に農村・地域開発マネジメントを専攻していた学生である。

序　章：姫田哲平
第2章：網野善久
第3章・第4章：桑垣隆一
第5章：軸丸優子
第6章：永井美智子

さらに、開発教育ＮＧＯ代表として地域づくりと国際協力の人材育成の両方に携わる椿原恵氏が、出版の趣旨に賛同し特別寄稿をして下さった。この章のおかげで、国際協力と地域づくり、さらにはそこに住む1人ひとりの学びとを結びつける重要な論考を加えることができた。

本書には多くの先行研究の成果を利用させていただいている。本来ならば、そのすべてを引用・参考文献として明示すべきであるが、本書が新書であり、できる限り読みやすくするために、第2章のように特定の先行研究を特に多く引用させていただいてレビューしている部分を除いては、本文中の引用文献の明示は最小限に抑えている。参考にさせていただいた主な文献等は、巻末にまとめている。これらの著作者に感謝するとともに、さらに学びたい読者はこれらの文献を参考にしてほしいと考えている。

最後に、本書の出版にあたり、企画段階から辛抱強く編集にあたってくださった西田徹氏、および、出版事情の厳しいなか「市民参加のまちづくり」シリーズ以来常にわたしの研究成果出版を支えて下さっている塚田尚寛代表取締役に感謝したい。

2009年4月

西川芳昭

参考文献

序　章

高橋直子［1997］、「国際交流の理論―交流から協力へ―」、勁草書房。

ロバート・チェンバース著、野田直人、白鳥清志監訳［2000］、「参加型開発と国際協力」、明石書店。

第1章

赤阪むつみ［刊行年不明］、「自分たちの未来は自分たちで決めたい」、日本国際ボランティアセンター。

アマルティア・セン著、石塚雅彦訳［2000］、「自由と経済開発」、日本経済新聞社。

佐藤寛［2005］、「開発援助の社会学」、世界思想社。

重森暁［1993］、「内発的発展と地域文化」、池上惇・山田浩之編、『文化経済学を学ぶ人のために』、世界思想社。

鶴見和子［1996］、「内発的発展論の展開」、筑摩書房。

守友裕一［1991］、「内発的発展の道」、農山漁村文化協会。

藪野裕三［2005］、「ローカル・デモクラシー〈1〉分権という政治的仕掛け」、法律文化社。

第2章

阿部清司、石戸光著［2008］、「相互依存のグローバル経済学　国際公共性を見すえて」明石書店。

江橋崇、富野暉一郎監修、CDI-JAPAN、マイケル・シューマン著、児玉克哉訳、［2001］、「自治体国際協力の時代」、大学教育出版。

JICA［1998］、「地方自治体の国際協力事業への参加　第1フェーズ」、国際協力事業団、国際協力総合研修所。

ＪＩＣＡ［２０００］、「地方自治体の国際協力事業への参加　第2フェーズ」、国際協力事業団、国際協力総合研修所。

ＪＩＣＡ［２００３］、「地域おこしの経験を世界へ　途上国へ適用可能な地域活動」、国際協力事業団、国際協力総合研修所。

独立行政法人　国際協力機構［２００８］：February. Montyly Jica
藪野祐三［２００５］、「ローカルデモクラシー〈１〉分権という政治的仕掛け」、法律文化社。

吉田均［２００１］、「政策研究シリーズ　地方自治体の国際協力　地域住民参加型のＯＤＡを目指して」、日本評論社。

吉田均［２００５］、「自治体の国際協力」、『シリーズ国際協力　日本の国際開発協力　８章』、後藤一美・大野泉・渡辺利夫編集、日本評論社。

ＪＩＣＡホームページ　http://www.jica.go.jp/partner/kusanone/what/index.html

第3章

佐藤快信［２００７］、「住民参加のまちづくり」、松尾匡、西川芳昭、伊佐淳編著『市民参加のまちづくり【戦略編】第2章』、創成社。

Monthly Jica 2008 February : 32-33

Monthly Jica 2008 June : 30-31

Monthly Jica 2008 September : 30-31

JICA'sWorld March 2009 : 22-23

阿武町ホームページ　http://www.town.abu.yamaguchi.jp/

小値賀町ホームページ　http://www.ojika.net/index2.html

甲良町ホームページ　http://www.kouratown.jp/

総務省統計局ホームページ　http://www.stat.go.jp/

滝川市ホームページ　http://www.city.takikawa.hokkaido.jp/

第4章

小値賀町［2008］、「島嶼における自立を目指した地域資源活用による人づくり・地域づくり　専門家派遣報告書」（レブカワークショップ関係資料を含む）。

小値賀町［2008］、「広報小値賀新聞　5月号（No.34）」p.11

国際協力事業団　国際協力総合研修所［2007］、「地域おこしの経験を世界へ」『調査研究　途上国に適用可能な地域活動報告書　pp.166-167』。

佐藤快信［2007］、「小値賀JICA研修実施報告」、『地域総研紀要5巻1号　pp.1-12』、長崎ウエスレヤン大学。

西川芳昭［2002］、「国際協力とわが国の地域開発の連携」、『平成13年度国際協力事業団客員研究員報告書』、国際協力事業団　国際協力総合研修所。

西川芳昭ほか［2001］、「産業経済研究第42巻第2号（通巻第187号）」、久留米大学産業経済研究会。

西川芳昭ほか［2004］、「長崎県小値賀町におけるPRA研修実施の試みと評価（1）―研修員に対する研修効果の視点を中心に―」、産業経済研究第45巻第2号（通巻第１９９号）久留米大学産業経済研究会。
西川芳昭、吉野あかね［２００７］、「国際協力とまちづくり：小値賀町でのＰＲＡ研修がもたらしたもの」『開発教育 vol.54』『開発教育』編集委員会編、明石書店。
松尾匡、西川芳昭、伊佐淳編著［２００７］、『市民参加のまちづくり：参加とリーダーシップ・自立とパートナーシップ』、創成社。
小値賀町ホームページ　http://www.ojika.net/index2.html
おぢかふるさとねっと　http://www2s.biglobe.ne.jp/~memm/ojika/ojika.htm
ＪＩＣＡホームページ　http://www.jica.go.jp/partner/kusanone/what/index.html

特別寄稿

絵所秀紀、山崎幸治ほか［１９９８］、「開発と貧困―貧困の経済分析に向けて」、アジア経済研究所。

田中治彦［２００８］、「国際協力と開発教育―『援助』の近未来を探る」、明石書店。

田中治彦ほか［２００８］、「開発教育─持続可能な世界のために」、学文社。

椿原恵［２００５］、「開発教育の再構成─地域のエンパワーメントを実現するワークショップ」、外務省。

中西正司、上野千鶴子［２００３］、「当事者主権」、岩波新書。

山西優二、上條直美、近藤牧子ほか［２００８］、「地域から描くこれからの開発教育」、新評論。

Edu［２００８］、「ＪＩＣＡ青年研修事業カンボジア国教育分野初等教育コース業務完了報告書」

ＪＩＣＡホームページ　http://www.jica.go.jp/partner/kusanone/what/index.html
開発教育協会ホームページ「開発教育とは」http://www.dear.or.jp/deQ&A.html

第5章

GTZ. 2003. Capacity Development for Sustainable Development: A Core Task of GTZ, Policy Paper No.1
Lavergne, R and Saxby, J. 2001. Capacity development: visions and implications. Capacity Development Occasional Series. CIDA Policy Branch. no.3. Quebec

ＪＩＣＡ［２００６］、『途上国の主体性に基づく総合的課題処理能力の向上を目指して・キャパシティ・ディベロップメント―ＣＤとは何か、ＪＩＣＡでＣＤをどう捉え、ＪＩＣＡ事業の改善にどう活かすか』、独立行政法人国際協力機構 国際協力総合研究所。

大分市ホームページ「大分市の統計―人口データ」http://www.city.oita.oita.jp

第6章

ＪＡＩＣＡＦ［２００７］、「ＮＧＯと農林業協力　育てよう草の根協力 vol.32」
奈川村「奈川村閉村記念誌」
ＪＡＩＣＡＦ「平成19年度補助金等概要報告書」http://www.jaicaf.or.jp/activities/hojo_h19.pdf
長野県松本地方事務所［２００８］、「長野県松本地方事務所プレスリリース『平成20年度　地域発 元気づくり支援金【松本地域】選定事業一覧表』」
http://www.pref.nagano.jp/xtihou/matu/gyoumu/soumu/shinkou/genki/080428genki.pdf
松本市［２００５］、「松本市過疎地域自立推進計画　平成17年度～平成21年度」

http://www.city.matsumoto.nagano.jp/tiiki/matidukuri/kasokeikaku/files/kasokeikaku.pdf

終　章

絵所秀紀［１９９７］、「開発の政治経済学」、日本評論社。

《著者紹介》

椿原　恵（つばきはら　めぐみ）

1971年生まれ。

フリーフォトグラファー，旭光学工業（株）（現ペンタックス株式会社）を経て2002年よりNGO活動に参加。

外務省NGO専門調査員，NGO福岡ネットワーク，地球共育の会・ふくおか，エデュケーショナル・サポート・センター事務局勤務を経て2009年よりコミュニティコミュニケーション・サポートセンター代表理事。

（特活）福岡ボランティアネット副代表理事，福岡県NPO・ボランティアセンター協働創出協議会委員，大牟田市生涯学習まちづくり推進本部委員，大牟田市行政評価外部評価委員会副委員長，大牟田市次世代育成支援市民協議会委員を歴任。

《著者紹介》

西川芳昭（にしかわ　よしあき）

1960年　奈良県生まれ

1990年　連合王国バーミンガム大学大学院公共政策研究科修了

2003年　農学博士（東京大学：国際環境経済論）

国際協力事業団（現国際協力機構），農林水産省，久留米大学等を経て現職。ワールドビジョンジャパン国内協力員・エデュケーショナル・サポートセンター理事を歴任。

現在　名古屋大学国際開発研究科　農村・地域開発マネジメントプログラム教授。

専門分野：開発社会学・開発行政学・作物遺伝資源

担当科目：内発的発展論・参加型農村振興論・国際地域開発論　ほか

主要著書：『地域文化開発論』九州大学出版会，2002年，
『市民参加のまちづくり』シリーズ，創成社・共編著，2005年～2007年，
『作物遺伝資源の農民参加型管理』農山漁村文化協会，2005年，
『地域の振興　制度構築の多様性と課題』アジア経済研究所・共編著，2009年　ほか

（検印省略）

2009年7月10日　初版発行　　略称－地域国際協力

地域をつなぐ国際協力

著　者　西川芳昭
発行者　塚田尚寛

発行所　東京都豊島区池袋3－14－4　株式会社　創成社

電　話 03（3971）6552　FAX 03（3971）6919
出版部 03（5275）9990　振　替 00150-9-191261
http://www.books-sosei.com

定価はカバーに表示してあります。

ISBN978-4-7944-5036-4 C0236
Printed in Japan

組版：トミ・アート　印刷：平河工業社
製本：宮製本所
落丁・乱丁本はお取り替えいたします。

創成社新書・国際協力シリーズ刊行にあたって

グローバリゼーションが急速に進む中で、日本をはじめとする多くの先進国において、市民が国内情勢の変化に伴って内向きの思考・行動に傾く状況が起こっている。地球規模の環境問題や貧困とテロの問題などグローバルな課題を一つ一つ解決しなければ私たち人類の未来がないことはわかっていながら、一人ひとりの私たちにとってなにをすればいいか考えることは容易ではない。情報化社会とは言われているが、わが国では、世界で、とくに開発途上国で実際に何が起こっているのか、どのような取り組みがなされているのかについて知る機会も情報も少ないままである。

私たち「国際協力シリーズ」の筆者たちはこのような背景を共有の理解とし、このシリーズを企画した。すでに多くの類書がある中で、私たちのシリーズは、著者たちが国際協力の実務と研究の両方を経験しており、現場の生の様子をお伝えするとともに、それらの事象を客観的に説明することにも心がけていることに特色がある。シリーズに収められた一冊一冊は国際協力の多様な側面を、その地域別特色、協力の手法、課題などからひとつをとりあげて話題を提供している。また、国際協力を、決して、私たちから遠い国に住む人々のためだけの利他的活動だとは理解せずに、国際協力が著者自身を含めた日本の市民にとって大きな意味を持つことを、個人史の紹介を含めて執筆者たちと読者との共有を目指している。

本書を手にとって下さったかたがたが、本シリーズとの出会いをきっかけに、国内外における国際協力や地域における生活の質の向上につながる活動に参加したり、さらに専門的な学びに導かれたりすれば筆者たちにとって望外の喜びである。

国際協力シリーズ執筆者を代表して
西川芳昭